U0139475

李賀詩新探

李卓藩 著

文史哲學集成
文史哲出版社印行

國家圖書館出版品預行編目資料

李賀詩新探 / 李卓藩著. -- 初版. -- 臺北市
　：文史哲，民85
　　面　；　公分. -- (文史哲學集成；362)
參考書目：面
ISBN 957-547-013-4(平裝)

1. （唐）李賀 - 作品集 - 評論

851.4416　　　　　　　　　　　85004925

文史哲學集成

李賀詩新探

著　　者：李　　卓　　藩
出　版　者：文　史　哲　出　版　社
登記證字號：行政院新聞局局版臺業字五三三七號
發　行　人：彭　　正　　雄
發　行　所：文　史　哲　出　版　社
印　刷　者：文　史　哲　出　版　社
　　　　臺北市羅斯福路一段七十二巷四號
　　　　郵撥○五一二八八一二　彭正雄帳戶
　　　　電話：（○二）三五一一○二八

定價新臺幣二○○元

中華民國八十五年五月　初版
西元一九九六年五月

李 賀

（790-816）

吳正子字西泉有長吉詩箋徐渭字文長有昌谷詩注
又有董懋策注與徐注合刻曾益字謙甫有昌谷詩注

桐城吳汝綸評注

○李憑箜篌引

吳絲蜀桐張高秋空白〔今作山依　宋本改〕凝雲頹不流　江〔一作湘〕娥

啼竹素女愁李憑中國〔中國用孟子中國而授孟子室〕彈箜篌　崑〔一作山玉　荆〕山玉

碎鳳凰叫芙蓉泣露香蘭笑十二門前融冷光二十

三絲動紫皇女媧煉石補天處石破天驚逗秋雨夢

入神〔一作坤〕山教神嫗〔搜神記神嫗成夫人善箜篌〕老魚跳波瘦蛟舞吳質

不眠倚桂樹露腳斜飛濕寒兔

○○○致酒行

零落悽惶〔今作棲遲依文苑改〕一杯酒主人奉觴客長壽主父西遊困不歸家人折斷門前柳吾聞馬周昔作新豐客天荒地老無人識空將箋上兩行書直犯龍顏〔曾作鱗〕請恩澤我有迷魂招不得〔語此下賀答詞〕〔以上主人慰藉之語〕雄雞一聲天下白少年心事當拏雲誰念幽寒坐嗚呃

○○長歌續短歌

長歌破衣襟短歌斷白髮秦王不可見〔王指憲宗〕〔姚經三云秦旦〕夕成內熱渴飲壺中酒饑拔隴頭粟淒涼〔姚作淒淒〕四月闌

眸子空將漢月出宮門憶君清淚如鉛水衰蘭送客

咸陽道天若有情天亦老攜盤獨出月荒凉渭城已

遠波聲小

○○古悠悠行

白景歸西山碧華上迢迢今○古何處盡千歲隨風飄

海沙(曾作)變成石魚沫吹秦橋空光遠流浪銅柱(吳云一作桂)
波

從年消
神異經崐崘之山有銅柱焉

・黃頭郎
漢書鄧通傳通以櫂船爲黃頭郎

黃頭郎撈攏去不歸櫂船南浦芙蓉影愁紅獨自垂水
撈攏

張仁青教授序

　　余自幼即酷愛唐詩，握睇籀諷，靡間昕宵，每有會意，輒忘寢食，時日既久，竟成痼疾。惟當時身處鄉僻，得書不易，其所瓣香者，不外李白、杜甫、王維、孟浩然、白居易、李商隱諸大家而已。迨年事愈長，視野益寬，始知李、杜諸家之外，尚有所謂「怪誕」一派，譬彼稻粱菽粟雖常嗜，而今則別有龍肝鳳髓，中心狂喜，實非楮墨所能形容其萬一。

　　怪誕派詩萌生於唐代之叔世，以韓愈、孟郊、賈島、盧仝、劉叉、李賀六子最號雄傑。其創作旨趣，在於務去陳言，一空依傍，不落窠臼，自鑄新詞；以豪放通脫、恢宏恣肆之氣勢，雄奇險怪、幽冷生僻之風格，達到「筆補造化天無功」之最高藝術境界。不但為馥郁芳香之唐詩百花園增添一簇奇卉異葩，抑且為千百年來之古詩血脈注入一支新藥劑。

　　不寧惟是，此派六大巨擘雖各騁巧思，互擅勝場，而其中風格最奇詭，色彩最濃艷，感情最真摯者，則要以李賀為

尤著。每讀「女媧煉石補天處，石破天驚逗秋雨」（《李憑箜篌引》），則贊歎其構思新巧，造語瑰麗。讀「衰蘭送客咸陽道，天若有情天亦老」（《金銅仙人辭漢歌》），則驚服其神馳千年，思落天外。讀「遙望齊州九點煙，一泓海水杯中瀉」（《夢天》），則歆慕其幻想奇異，遠邁前賢。他如：「我有迷魂招不得，雄雞一聲天下白。」（《致酒行》）詩人在潦倒困頓之餘，仍有發憤圖強，積極進取之奮鬥精神，令人欽敬。又如：「秋墳鬼唱鮑家詩，恨血千年土中碧。」（《秋來》）在淒風冷雨之秋夜，詩人諷誦落魄才子鮑照之詩篇，百感交集，幽明同悲，才命相妨，古今一慨。再如：「羲和敲日玻璃聲，劫灰飛盡古今平。」（《秦王飲酒》）言秦始皇威力強大，直如羲和之可以驅策白日，故能鞭笞群雄，統一天下。詩人借古喻今，殷望李唐王朝亦能效法秦皇，敉平藩鎮禍亂，重振大唐雄風。抑有進者，其詩又擅於摹怪寫鬼，出神入幽，字譎詞險，意新語雋，為自有蒼生以來所絕無者，此固夫人所周知，無待余之喋喋。故後人率以「鬼才」、「詩怪」、「詩鬼」譽之，而與「詩仙」（李白）、「詩聖」（杜甫）、「詩佛」（王維）、「詩星」（孟浩然）、「詩祖」（陳子昂）、「詩豪」（劉禹錫）、「詩魔」（白居易）、「詩囚」（賈島）、「詩天子」（王昌齡）同放異

采，並臻絕詣。雖以天妒奇才，英年早謝，然其瓊章新曲，
麗製瑋篇，已如桂林之一枝，崑圃之片玉，聲光煒然，永不
磨滅。宋 嚴羽撰《滄浪詩話》，特標舉其詩爲「李長吉體」，
並備加推崇曰：「長吉之瑰詭，天地間自欠此體不得。」佛
眼獨具，實邁等倫。

　　李君卓藩，擢秀粵東，夙承庭訓，自幼於時俗好尚，一
不屑意，而刻苦銳進於學，頻年以來，於公務鞅掌之暇，陸
續完成高等教育，公私兩全，殊不易得。癸酉（西元一九九
三年）秋九月，余自台北遠役香江，應聘爲新亞研究所客座
教授，卓藩復以強仕之年，前來問學，並懇請指導其碩士論
文。余嘉其志篤心虔，乃欣然允諾。竊以長吉歌行猶有許多
妙諦勝義爲前修所未見者，經商酌旬日，題目遂定。卓藩即
賈其餘勇，全力以赴，搜羅爬梳，闡微抉隱，而成斯編。今
將付剞劂，公之於世，卓藩丐序於余，屢叩寒扉，難辭盛意，
爰述所懷而歸之。

　　　　　　歲次丙子（西元一九九六年）春正月
　　　　　　張仁青同塵氏序於台北永和之揚芬樓

前香港浸會學院中文系
系主任陳湛銓教授墨寶
（書於一九七二年）

推薦書

李卓藩君畢業本港浸會

書院中國文學系性行純

正學業良好特予推薦

前浸會書院中文系主任

陳湛銓

自　序

　　本人早於一九六六年考入香港浸會學院　中文系，從游於國學耆宿陳湛銓教授，獲益良多。後往香港大學就讀實用中文課程，得陳耀南博士教導，眼界益寬。一九七二年畢業於羅富國教育學院，並獲教師證書。先後在香港中文大學　校外課程部、摩利臣山工業學院、樂善堂王仲銘夜書院、九龍聖心書院、基協實用中學、深水埔街坊會　職業訓練班、樂善堂橫頭磡小學等多間，擔任教職。曾出任樂善堂王仲銘夜書院、劉世仁學校及樂善堂小學校長近二十年，以迄於今。

　　一九九零年九月本人重返香港浸會大學繼續進修，翌年獲頒榮譽文學士學位。深感「學然後知不足」，毅然報讀香港新亞研究所文學碩士班，蒙該所客座教授，原任台灣　國立中山大學　中文系教授、國家文學博士張仁青先生不棄，俯允擔任爲本人之碩士論文指導教授。至於碩士論文題目，鑒於本人在大學時撰寫畢業論文曾以《韓愈詩初探》爲題，故張師提示可以「怪誕派」詩人作爲研究對象，深獲我心，遂以《李賀詩新探》爲題，論文完成時經由研究所所長全漢昇院士、指導教授張仁青博士、香港大學　中文系　陳耀南教授、台灣　輔仁大學　中文系　林明德教授所組成之答辯委員會通過。諸口試委員對論文中一些不足之處，提供了寶貴的意見。本書乃據以修改，並在原有論文之基礎上加以擴充，終底於成。

　　《李賀詩新探》乃是從新的一面去探討詩人的詩歌特色。李賀為中唐傑出詩人，七歲能辭章，為韓愈所推許，旅世僅二十七載，現存詩歌二百餘首。由於李賀出身皇族，後來家道中落，適值當時正是唐代詩風轉變時期，影響所及，他的詩歌遂充滿離奇怪誕，意境陰森神祕，造句奇崛險拗。然而他的詩歌卻蘊藏著熱情與正義，成為後世學者研究之對象。

　　本書共分七章，約七萬言。第一章略述李賀的生平，並摘錄前人對李賀詩之評論，以便重新探討與研究。第二章略述李賀的性格，及其詩之淵源。第三、四、五、六章列出李賀詩的題材、體裁、寫作技巧及其風格，作一新的探討。第七章試對李賀詩作一評價，並列舉其優點、缺點及其對後世之影響。

　　本人隨導師張仁青教授攻讀碩士學位，得張師耳提面命，厚愛有加。本書從初稿到付梓都得到張師之鼓勵與悉心指導，並蒙親為作序，謹在此敬致衷心感謝。此外，林茂雄教授、黃仲鏗學長熱心協助，惠我實多，亦併此致謝。

李卓藩　謹誌

一九九六年三月

李 賀 詩 新 探

目　　錄

第一章　緒　言

　　本人曾於一九九一年三月在香港浸會大學撰寫畢業論文，以《韓愈詩初探》爲題，探討了韓愈詩歌的風格。一般人多推許韓愈的古文運動及其在散文上的成就，把無論在語言、意境、風格，以及詩人的思想、文藝觀、審美趣味都有獨特風格的韓詩掩蓋了。在詩作上，韓愈復古尙奇，與孟郊並稱，韓 孟詩歌可說是唐代 元和以來詩壇上的一大變革，而且形成了一個著名的流派，在詩歌發展史上佔有一席重要地位，不但與元 白詩派並峙爭雄，而且下開宋代詩風，對後世產生深遠的影響。在韓門詩派中，李賀至爲突出，以詭異中帶凄豔，與孟郊之陰鬱冷峭，韓愈之險峭豪橫，又別有不同。其生命雖短促，卻甚富傳奇性，這與他的詩風又有緊密的關連。因此搜羅有關資料，試從他的出身、交遊、性格及心理角度等探索他的詩歌特色。

　　李賀（公元790-816年）是一個奇才。他的一生只活了二十七歲，生平沒有做過甚麼大官，擔任的只是一個從九品的奉禮郎①　，管理祭祀禮儀。一生中雖沒有做過甚麼驚

天動地的大事，但他所流傳下來的二百多首詩作卻使他留名千古。在死後十五年，<u>杜牧</u>應<u>沈述師</u>之請爲之寫《李長吉歌詩敘》，編《李長吉歌詩集》，<u>晚唐</u>時期的大詩人<u>李商隱</u>也爲之寫《李長吉小傳》，並仿效他的作詩風格。在《舊唐書》及《新唐書》也有他的傳。<u>晚唐</u>詩人中受他影響的頗不乏人，如<u>劉光遠</u>、<u>趙牧</u>、<u>牛嶠</u>都是仰慕他而在詩作上加以傚效的。<u>李商隱</u>、<u>溫庭筠</u> ② 更是學<u>李賀</u>詩中的佼佼者，就可見<u>李賀</u>的詩是何等的受到當代士人的重視，他的詩對<u>晚唐</u>詩風及作家有何等重大的影響。<u>宋</u>、<u>元</u>以降，學者、詩話評論言及<u>李賀</u>詩作者多不勝數，且歷久不衰，可謂彬彬之盛矣。

　　<u>李賀</u>，字長吉，<u>福昌</u> <u>昌谷</u>人③。生於<u>唐德宗</u> <u>貞元</u>六年，卒於<u>唐憲宗</u> <u>元和</u>十一年，經歷了三個皇帝，卻只享年二十七歲。④

　　<u>李賀</u>原是<u>唐高祖</u> <u>李淵</u>的叔父<u>鄭王</u> <u>李亮</u>⑤ 的後裔，他雖有皇族的血統，與<u>唐朝</u>皇室同宗，但他既不是嫡系，而且出生時，距離<u>唐</u>王朝的開國已有一百七十多年，家道日趨衰落。他的父親<u>李晉肅</u>，是一個職位低微的小官，後

來，李晉肅早死，家境更為清寒。然而李賀的詩歌很早便獲盛名。《唐摭言》：「賀年七歲，以長短之制名動京華。」又說他以《高軒過》一詩得到韓愈（公元768-824年）、皇甫湜 （公元777-830年）的讚賞⑥。這件事雖經考證並不可信⑦，但李賀的詩歌才能之早熟即此可見。唐人張固《幽閒鼓吹》裏曾有生動的記載：

> 李賀以詩歌謁韓吏部，吏部時為國子博士分司，送客歸，極困。門人呈卷，解帶旋讀之。首篇《雁門太守行》曰：「黑雲壓城城欲摧，甲光向日金鱗開。」即援帶，命邀之。⑧

這是元和二年李賀十八歲時的事情，則李賀在年輕時代已受韓愈賞識是無可置疑的事了。及至元和五年，李賀應河南府試，獲選，舉進士本擬入京，然受時輩所排擠，並指其父名晉肅，理當避諱，不得考進士弟。《舊唐書》、《新唐書》及朱自清《李賀年譜》皆說李賀終於沒有舉進士試。這個說法正確與否，恐猶待商榷。李賀應河南府試後，曾受韓愈、皇甫湜之鼓勵，韓愈作《諱辯》力求替李賀解說，李賀遂毅然入京赴禮部試。其《昌谷讀書示巴

童》：「蟲響燈光薄，宵寒藥氣濃。君憐垂翅客，辛苦尙相從。」⑨　可惜不幸落第，以鬥雞爲喻，敗則垂翅而遁，清代　王琦注解此詩說：「此詩是下第後所作。」又《仁和里雜敘皇甫湜》：「洛風送馬入長關，闔扇未開逢獒犬。」⑩　乃是詩人追憶入試長安時的遭遇。「那知堅、都相草草，客枕幽單看春老。」刁堅和丁君都都是古時的善相馬者，詩中借相馬喻選取人才之禮部官員，諷刺主考官未能好好地選拔賢能。又《出城》：「雪下桂花稀，啼鳥被彈歸。」王琦注：「二句皆喻不第。」⑪　一詩乃敘說李賀應試後回家的悵惘心情。由此可見，李賀仍是有應進士試的，只是由於科場競爭激烈，以及毀謗情況嚴重，最後是鎩羽而歸。

　　元和六年，李賀因恩蔭得以到長安任太常寺奉禮郎。他當了三年官，閑散無事可爲，於是黯然借病辭職回昌谷。李賀一生在政治上不得志，辭官回鄉後心情更加抑鬱。《昌谷北園新筍四首之四》：「古竹老梢惹碧雲，茂陵歸臥嘆清貧。」⑫　詩中更反映他在回到昌谷家中以後遭遇上貧病交迫的處境，就這樣，他在二十七歲時便與世長辭了。

　綜觀李賀一生，毀譽參半。其詩在世時已得名公巨卿如韓愈、皇甫湜之賞識。《劇談錄》：「元和中，進士李賀善爲歌篇，韓文公深所知重，於搢紳之間每加延譽，由此聲華籍甚。」⑬　至於最早評論李賀詩者，要算是在他死後十五年爲他寫《李長吉歌詩敘》的杜牧，杜牧評論李賀的詩歌說：

　　　雲煙綿聯，不足爲其態也，水之迢迢，不足爲其情也；春之盎盎，不足爲其和也；秋之明潔，不足爲其格也；風檣陣馬，不足爲其勇也；瓦棺篆鼎，不足爲其古也；時花美女，不足爲其色也；荒國陊殿，梗莽邱壟，不足爲其怨恨悲愁也；　鯨吸鼇擲，牛鬼蛇神，不足爲其虛荒誕幻也。蓋《騷》之苗裔，理雖不及，辭或過之。《騷》有感怨刺懟，言及君臣理亂，時有激發人意。……賀能探尋前事，所以深嘆恨古今未賞經道者，　……求取情狀，離絕遠去筆墨畦徑間。⑭

　由這段文字可見杜牧用形象化的語言，比較全面地概括了李賀詩歌的藝術特徵。後世關於李賀詩歌藝術特色的評

論，大都是以此為基點而擴展開來的，就是有所生發，但大體卻沒有超越杜牧評論的範圍。

所以謂李賀詩出於《騷》，不惟用其辭，更兼及其忠君愛國之思想，又豈是「李賀作樂府，多屬意花草蜂蝶之間」⑮ 之文字？杜牧之見，可謂知人。及李商隱寫《李長吉小傳》，一方面說他「苦吟疾書」⑯ ，一方面又說他資質聰穎，寫詩有如李白之援筆立就；惟在雕琢詞句方面，亦下了不少功夫。《唐詩品彙》更譽之為「若長吉者，天縱奇才，驚邁時輩，所得離絕凡近，遠去筆墨畦徑。嗚呼！使假以年，少加以理，其格律豈止是哉！」⑰ 宋人甚至亦有將李益與李賀並舉：「李益長於歌詩，德宗 貞元末，與宗人李賀齊名。」⑱ 正如宋人李綱《讀李長吉詩》：

> 長吉工樂府，字字皆雕鎪。
> 騎驢適理外，五藏應為愁。
> 得句乃足成，還有理致不？
> 嘔心古錦囊，絕筆白玉樓。
> 遺編尚如此，嘆息空搔頭。⑲

詩中頗能概括李賀一生在詩作上的擅長、詩歌的獨特風格、作詩的認眞程度、日常的性情和有關生平趣怪的事跡。

【註 釋】

① 李賀曾擔任奉禮郎一職。《舊唐書》、《新唐書》及《唐才子傳》均作協律郎，誤。據與李賀相距不太遠的李商隱所寫的《李長吉小傳》：「位不過奉禮太常」。因爲李賀並未有在進士科及第，只是因韓愈的推薦而由恩蔭得官，根據唐代制度，七品以上官員之子，若以恩蔭而得官，官位不過從九品罷了，正合奉禮郎的官品。協律郎則屬於正八品上的官了。加以李賀在《聽穎師彈琴歌》：「請歌直請卿相歌，奉禮官卑復何益。」又有詩《始爲奉禮憶昌谷山居》，都明顯地指出李賀曾擔任奉禮郎的官職，反而未見李賀寫關於他任協律郎一官的事。李商隱《李長吉小傳》作奉禮郎，李商隱爲之作傳的資料主要來自李賀的姊姊，據今人楊文雄《李賀詩研究》指出，李商隱與李賀極可能有近親的關係。又朱自清《李賀年譜》亦謂李商隱在李賀二十三歲時出生，與

李賀的親人有交往，因而當爲李賀寫傳時，對雖已作古，但聞名遐邇的李賀，應不難找到可信的資料。

② 在李賀詩集卷二有《惱公》詩，係一首狎游詩，內容爲宮體艷情之作，李、溫二人的長篇艷詩，受此詩之影響頗大。

③ 有關李賀的籍貫，李賀曾在《酒罷張大徹索贈詩時張初效潞幕》中提到：「隴西 長吉摧頹客，酒闌感覺中區窄。」（見《李賀詩歌集注》頁124）在詩中自稱爲隴西人，杜牧的《李長吉歌詩敘》，李商隱的《李長吉小傳》，以及《舊唐書》、《新唐書·文苑傳》中，都沒有說李賀是隴西人，反而在《昌谷詩》中多次提及昌谷，李賀應試下第後，巴童陪伴他回昌谷，他寫了一首有名的詩歌《昌谷讀書示巴童》，其他如《昌谷北園新筍四首》、《春歸昌谷》、《自昌谷到洛後門》等都寫昌谷事。昌谷即今河南省宜陽縣。加以李賀在長安任奉禮郎時，思念昌谷所作的詩就更多了（李賀詩中提及昌谷一地的共有七首），提及隴西及成紀的僅有三首。因此，李賀就昌谷來說，應是生於斯，長於斯，晚年隱居於斯，道道地地的一個昌谷人，至於他提及隴西，只因他是李唐的後裔，有皇族的血統，與唐朝皇室同宗，於是

就稱爲隴西人罷了。

④ 無論杜牧《李長吉歌詩敘》、李商隱《李長吉小傳》、《新唐書》、《唐才子傳》李賀的卒年均作二十七歲。惟《舊唐書》作「卒時年二十四」，未知何據。據李賀友人沈亞之《敘詩送李膠秀才》：「賀名溢天下，年二十七，官卒奉常。」（見《全唐文》卷七三五）沈亞之與李賀爲同時人，其所述李賀卒年應屬第一手資料，則李賀二十七歲卒必當無誤。案：李賀有《送沈亞之歌並序》（見《李賀詩歌集注》頁44），詩中小序云：「文人沈亞之，元和七年，以書不中第，返歸於吳江，吾悲其行，無錢酒以勞，又感沈之勤請，乃歌一解以勞之。」且詩中多勗勉之辭，語意眞摯，可見二人之交往非比尋常，而沈亞之亦有詩序送李膠秀才，詩序中有「余故友李賀」句，由此可見二人之交情匪淺。關於李賀的生卒年，頗多異說，其詳可參看今人劉衍《李賀詩校箋証異》附錄《李賀年譜新箋》，其生卒年計有下列五說：**(1)781-817**；**(2)789-816**；**(3)790-816**；**(4)791-817**；**(5)793-819**。

⑤ 唐代可考的鄭王有二位，一爲唐高祖 李淵的叔父李亮，一爲李淵第十三子李元懿，此處所指，當係前者。

《舊唐書》及《新唐書》中所載的鄭王，應是大鄭王，亦即唐高祖 李淵的叔父李亮。考據文字見朱自清《李賀年譜》，在此不贅。

⑥ 《唐摭言》頁116，上海 上海古籍出版社 。

⑦ 有關李賀七歲能辭章，名動京邑，因韓愈及皇甫湜之過其家而作《高軒過》一詩之事，《舊唐書》、《新唐書》及元 辛文房《唐才子傳》皆採五代 王定保《唐摭言》之說，恐係小說家之言。在錢仲聯的《夢苕盦論集》及傅璇琮主編的《唐才子傳校箋》（第二冊）中已辯之甚明。《高軒過》氣勢雄奇，想像新穎，語言峭拔，絕不像是一個入世未深七歲孩童的口氣，而且題下所說「韓員外愈、皇甫侍御湜見過因而命作」，與事實並不相符。李賀在七歲時，韓愈尙未任員外郎之官，皇甫湜亦沒有做侍御。至於朱自清《李賀年譜》將這首詩繫於二十歲時所作，當較合理。

⑧ 見王琦 等注《李賀詩歌集注》頁52，上海 人民出版社 。

⑨ 同註⑧，頁174 。

⑩ 同註⑧，頁127 。

⑪ 同註⑧，頁176 。

⑫　同註⑧，頁141。

⑬　同註⑧，頁14，首卷引《劇談錄》，書中稱<u>李賀</u>爲進士恐有誤。

⑭　同註⑧，頁4，首卷引《李長吉歌詩敘》。

⑮　同註⑧，頁15，首卷引<u>趙璘</u>《因話錄》。

⑯　同註⑧，頁7，首卷載<u>李商隱</u>《李長吉小傳》。

⑰　同註⑧，頁18，引《唐詩品彙》。

⑱　同註⑧，頁15，引《冊府元龜》。

⑲　同註⑧，頁10，引<u>李綱</u>詩。

第二章　李賀詩的淵源

　　李賀詩的淵源大體可從他的性格、心理和交遊得見。李賀是唐宗室鄭王的後裔，以唐代重視門第的風氣，理應覺得自己在地位身分上高人一等，但家道中落。雖是皇族后裔，幾與庶人無異，因此形成自大和自卑的交錯心態。從他的詩歌可以見到既有貴族氣派，又有平民風格。

　　李賀是一個有抱負、有大志的詩人，渴望能一展所長，替家國盡力。他既有唐代王朝貴冑的血統，本該是十分榮幸的，他在詩中，曾多次表露了自己「少年心事當拏雲」（《致酒行》）那樣的胸懷。但當他要考進士時，卻因別人毀謗他犯了父諱，使他在科場上備受困擾，因而下第，最終只能做一個九品低微的奉禮郎，這對他來說，實在是一次沈重的打擊，在仕途上可以是苦悶的。現實對他是殘酷的，不公平的，他所寫不少超乎現實的詩歌，目的是要在虛幻飄渺中去尋求解脫，藉著詩歌想像創意去宣洩苦悶，例如《馬詩二十三首》，以馬爲喻，感慨自己生不逢時，無相馬之人得識他這匹駿馬。① 希冀一旦遇到明主，便可以「一朝溝隴出，看取拂雲飛。」（其十五）然

而由於他的鋒芒顯露，引起不少人對他產生妒忌之心，繼而受到時輩排擠的遭遇，最後只有心懷鬱鬱，壯志未酬而與世長辭。

　　形成李賀詩與眾不同，獨樹一幟的，應是他個人的才情。天賦予他有過人的才氣和執著於個人得失的感情。清人方拱乾說：「李長吉才人也，其詩詣當與揚子雲之文詣同。……長吉詩總成其為才人耳！儻得永年而老其才，以暢其識與學之所極，當必有大過人者，不僅以才人終矣！」②　這是很有見地的。

　　李賀是一個滿有自信，作詩認真，對自己要求很高的詩人，因此他十分刻苦寫詩，在《新唐書》中就記載了這麼一段故事：

　　　　每旦日出，騎弱馬，從小奚奴，背古錦囊，遇所得，書投囊中。未始先立題然後為詩，如他人牽合課程者。及暮歸，足成之。非大醉、吊喪日率如此，過亦不甚省。母使婢探囊中，見所書多，即怒曰：「是兒要嘔出心乃已耳。」③

這段故事源出於<u>李商隱</u>《李長吉小傳》，<u>李商隱</u>於<u>李賀</u>逝世時才四歲，但其資料來源乃由嫁與<u>王氏</u>之<u>李長吉</u>姊所提供，「語<u>長吉</u>之事尤備」，故可信程度極高，則<u>李賀</u>不單作詩甚勤，且要求甚高，由此可見。

<u>李賀</u>又在《南園十三首‧其六》：

> 尋章摘句老雕蟲，曉月當簾掛玉弓。
> 不見年年遼海上，文章何處哭秋風。④

詩中指出詩人自己長年尋章摘句，雕琢詞藻，夜深不寐，辛苦沈吟，這樣冷寂清苦的書齋生活，表現於紙筆之間的淒酸和憤懣。這與<u>李商隱</u>《李長吉小傳》中所謂詩能「苦吟疾書」相吻合。

<u>李賀</u>是一個內心世界極度敏感的人，使他對外面任何刺激都會作出強烈的反應；而他的內心世界亦十分脆弱，又使他無力對壓抑他的文化傳統予以挑戰。雖然在科舉的應考，得到<u>韓愈</u>為他竭力開解，為他考取功名掃除障礙，但他始終是無功而還。這種性格和際遇為他帶來了悲觀的

傾向，並在詩中悲歎地表示出來。

　　他的自信與悲觀的性格形成一種矛盾，令李賀在性格上顯得傲慢。下面是記載在《幽閒鼓吹》內的一個故事可以作爲旁證：

　　　　李藩侍郎嘗綴李賀歌詩，爲之集序未成，知賀有表兄與賀爲筆硯之舊，召見之，托以搜訪所遺。其人敬謝，且請曰：「某盡得所爲，亦見其多點竄者。請得所葺者視之，當爲改正。」李公喜，幷付之，彌年絕跡。李公怒，後召詰之。其人曰：「某與賀中外自小同處，恨其傲忽，嘗思報之。所得兼舊有者，一時投於圂中矣。」李公大怒，叱出之，嗟恨良久。⑤

　　這個故事雖未必可信，但若以李賀應舉進士而受眾人排斥的事和他的詩作一同去看，則其恃才曠放，不屑與鄙薄者爲伍，是可以看得到的。

　　另一方面，李賀讀書極爲廣博，詩作雖然不多，但詩

中用典之處卻不少，其所涉及各類的書籍極廣，上自楚
《騷》、漢樂府，下及六朝文學家（如梁簡文帝......　）、
唐代大詩人（如杜甫、李白、韋應物、韓愈......　），以至
史傳、諸子百家，他都能從中汲取營養。

李賀詩除了可以見到楚騷及梁代宮體詩的明顯浸潤痕
跡外，唐代詩人如李白、杜甫、韋應物、韓愈等對李賀詩
風格都有一定的影響，其中以李白、韓愈影響最深。李白
是有名想象力豐富的浪漫主義詩人，陳焯《昌谷集注
序》：「漢 魏以下，詩之似《騷》者，前人獨推李白、李
長吉。」洵爲知言。如李白寫《夢游天姥吟留別》，描述
登天之路及天上仙人降下之情景，是極富想像力的詩作，
李賀亦有《李憑箜篌引》、《夢天》、《天上謠》等描寫
天上仙境的傑構。因此宋人張戒在《歲寒堂詩話》中說：

賀詩乃李白樂府中出，瑰奇譎怪則似之，秀
場逸天拔則不及也。⑥

至於韓愈，李賀更是深受他的賞識。李賀比韓愈年輕
二十二歲，所寫《高軒過》一詩，雖然七歲成詩之說並不

可靠（見前引），但韓愈、皇甫湜對他器重實無可置疑了。李賀雖然不是韓愈的入門弟子，然而他所寫的詩歌時常送給韓愈看，深爲所重。在李賀十八歲時，韓愈以國子博士分教東都而從長安抵達洛陽，李賀就曾慕其名，帶著自己的詩從昌谷趕去拜謁他。這是唐代士子應舉求仕進之前的一種風尚。韓愈對李賀頗爲賞識，直到李賀因父名晉肅，而受到時人的攻訐毀謗說李賀考進士是犯了諱。於是韓愈特別寫了一篇《諱辯》來駁斥當時的謬論，鼓勵李賀應舉進士，他的苦吟爲詩，奇詭險怪，嘔心之作，當受韓愈那種追求怪誕詭譎、宏偉奇崛的詩風，以及「務去陳言」的文學理論所影響，不屑蹈襲前人，不受格律束縛，詩歌藝術上富於革新創造精神。無怪不少人將李賀列入中唐險怪派詩人的行列了。⑦

李賀曾遊東都洛陽、河南、潞州、京師長安等地，交游亦廣，而影響最大，交往最深的要算是韓愈及其門人。⑧ 若據《新唐書》本傳、杜牧《李長吉歌詩敘》、李商隱《李賀小傳》及雜說筆記所載，共有二十六人。其次甚多貴游子弟，如王參元、權璩、楊敬之、沈子明等。因此，無論從他所經歷的地點，或所交往的人物中，都可得悉不

少有關時事、國家局勢的消息、農民生活的情況，因此在李賀寫詩時，題材絕不會狹窄。並不如《中國文學發達史》中評論李賀詩時所云：

因爲他出身貴族，養尊處優，自然不會像杜甫、張籍、元稹、白居易那些自窮困出來的詩人那樣，能夠瞭解社會的實況和人生的艱苦。並且二十七歲就死了，對於世事人生的經驗與閱歷，是非常貧乏的。⑨

有關李賀歌詩的題材，在本論文第三章將會有較詳的論述，則李賀的詩作內容是否狹窄，自有公論。

【註 釋】

① 見王琦注《李賀詩歌集注》，上海 人民出版社頁99。又《馬詩》第一首即云：「龍脊貼連錢，銀蹄白無人織錦韉，誰爲鑄金鞭。」開門見山，已道出自己的懷才不遇猶如良馬之無人賞識。根據葉慶炳《唐詩散論》＜說李賀馬詩二十三首＞的考據，發現李賀生於貞元六年，肖馬。在李賀詩中談到馬的有八十三首之多，而提及

「馬」字者更高達一百一十四次，可見在李賀的心目中，他本人與馬是不可分割的，以馬爲喻是最貼切不過了。

② 見王琦等注《李賀詩歌集注》，上海　人民出版社頁26，首卷引《昌谷集注序》。

③ 同註②，頁12，首卷引《新唐書》。

④ 同註②，頁85。

⑤ 同註②，頁15，首卷引《幽閑鼓吹》。

⑥ 見張戒《歲寒堂詩話》，四川　四川大學出版社頁94。

⑦ 不少文學史家在選詩論才時往往把李賀歸入險怪一派。詩歌選集如吳小平選析《韓孟詩派作品賞析》（廣西教育出版社）、王軍選注《韓孟詩派選集》（北京師範學院出版社）；文學史論述如許總著《唐詩史》（江蘇教育出版社）、李曰剛著《中國詩歌流變史》（台北　文津出版社）、王孝著《中國文學史》（台灣　商務印書館）、張瘦石著《中國文學流變史綱》（星洲　世界書局），但以李賀詩的整體風格和內容而言，與韓愈、孟郊、賈島等詩人是有一定的分別的，有關這一點，當會在本書第六章中略作辨解。

⑧ 據朱自清《李賀年譜》云：「賀交遊有姓名可考者十四人，愈以外，若皇甫湜、沈亞之、李漢、陳商、張徹皆

其門下士若後輩。後賀依張徹於潞州者復三年，向使不識愈，焉能若是？則謂其平生出處，繫於愈一人可也。」

⑨ 有關對《中國文學發達史》這一點的駁斥，在楊文雄《李賀詩研究》第二頁已有論述。但特別要指出的是台北　中華書局印行的《中國文學發達史》原是根據劉大杰早期（約四十年代）時的著作略加改編而成，在一九八二年五月的新一版的《中國文學發展史》已作大幅度地修訂：「因為他（李賀）缺少了社會生活的實際體驗，從總的傾向來說，詩歌的內容比較貧乏。但其藝術技巧很有特色，特別富於藝術的幻想和鑄鎔詩歌語言的才力。」仍然力陳李賀詩在內容上有所不足，相信是受了杜牧《李長吉歌詩敘》的影響，未為篤論。

第三章　李賀詩的題材

第一節　寫天上、寫鬼神

　　歷代詩家都把<u>李賀</u>看成鬼才，以為他寫鬼的地方比較多。有人說他的詩鬼氣太重，陰氣逼人。其實從他現存的二百多首詩來看，描寫鬼的詩不過十來首，僅佔全部詩的二十分之一，而描寫天上的，反而為數不少。他陶醉於狐仙鬼怪的幻想之中，一方面他可以縱情運用他匠心獨具語言才能，用顏色去描畫那夢幻的鬼、仙世界；另一方面，<u>李賀</u>在現實生活中找不到出路，便在腦中幻化神域仙界。其代表作有《夢天》、《天上瑤》等。傳說中那些成仙的人物，生活得是那麼美滿。有歡樂，也有愛情；那裏沒有官場的勾心鬥角，沒有衣食無著的哀痛；也沒有病苦的折磨，更沒有催租吏的叫囂之聲，不管人間有多少滄桑之變，仙人們永保美麗的青春年華。描寫冥界是<u>李賀</u>詩歌的重要特色。他喜歡寫鬼魂，寫死亡，寫黑夜，寫寒冷。透過這些描寫而道出他那悲淒而苦悶的思緒。他在人間得不到溫暖，便去和鬼交朋友。至於鬼魂，在詩人的筆下，只

不過是活在另一個世界中的人。如《蘇小小墓》可說是他
所寫鬼詩中最有代表性的一篇：

> 幽蘭露，如啼眼。無物結同心，
>
> 煙花不堪剪。草如茵，松如蓋。
>
> 風爲裳，水爲珮。油壁車，夕相待。
>
> 冷翠燭，勞光彩。西陵下，風吹雨。①

詩中歌詠的是南齊時錢塘名妓蘇小小。古樂府有《蘇小小
歌》：「妾乘油壁車，郎騎青驄馬。何處結同心，西陵松
柏下。」② 但這首詩絕無半點鬼氣，是借南齊時錢塘名妓
爲名而寫的一首溫馨愛情詩。李賀借其事典卻寫出另一首
格調完全不同的詩歌來。中唐詩人李紳（公元772-846年）
寫了一首《眞娘墓詩》，在序中云：「嘉興縣前，有吳妓
人蘇小小墓，風雨之夕，或聞其上有歌吹之音。」③ 可見
當時人對蘇小小的傳說流播甚廣，唐代詩人以此爲題者亦多。

而李賀則以眼前景物而想像其人，但偏重寫魂，即所謂
「鬼」的形象。如詩中所描述的蘇小小已死，已成墓中之
鬼，卻用蘭花上的露珠比喻其心傷不偶，含恨而泣的淚

珠。「同心結」是生前之願，而現在不僅無物可結同心，即使煙花也不堪剪。接著寫墓前景物，綠草如茵，青松若蓋。風成為她的衣裳，水又成為她的珮環。這種以虛寫實的手法，係仿效李白的「霓為衣兮風為馬」（《夢游天姥吟留別》）句，給人一種飄忽迷離，似有似無之感，而卻與蘇小小的鬼魂相配。鬼火有光無焰，忽閃忽滅，而她仍乘著油壁車，在風風雨雨的夜間等待郎君於西陵松柏之下。詩意取自屈原的《山鬼》，手法則效法李白的《夢游天姥吟留別》等詩，想象離奇，意境幽冷淒楚。詩人體貼蘇小小的心情，並通過她抒發自己的憂鬱和苦悶。「無物結同心」的孤獨，「煙花不堪剪」的虛無之感，都是李賀在冷酷的社會中的切身感受。

蘇小小已經死去了幾百年，但她仍是那麼美麗，那麼深沈，那麼多情，那麼苦悶；她仍在冥冥的世界裏等待著與愛侶共「結同心」。

李賀詩中提到「鬼」的地方約有十多次。然而這類字眼非一般詩家之所愛用，因此他的鬼詩可以說是同時代詩人寫得最多的。其內容涉及戰場、墳墓、哀弔死者、借鬼

抒憤，以及賽神等方面。如《秋來》：「秋墳鬼唱鮑家詩，恨血千年土中碧。」④ 如《南山田中行》：「石脈水流泉滴沙，鬼燈如漆點松花。」⑤

　　李賀筆下的鬼，乃是對於生活中人的活動的一種曲折的反映，是對人的幻覺化的描寫。這種描寫是藝術家表現生活的特殊手段，它的變幻性、神秘性強化了詩人作品奇詭險怪的風格因素和力量，可以使讀者得到一種異乎尋常的感受。李賀描寫的鬼都有象徵意義。如「提出西方白帝驚，嗷嗷鬼母秋郊哭。」（《春坊正字劍子歌》）⑥ 這是描寫劍光逼人，連白帝也為之震驚，鬼母也因之害怕、哭泣。這明明是鬼怕劍，更怕持劍者，哪裏有半點人怕鬼的心理？又如「願攜漢戟招書鬼，休令恨骨填蒿里。」（《綠章封事》）⑦ 這裏所招的書鬼，明明是指讀書人，哪裏有鬼氣呢？

　　至於神仙方面，如《貝宮夫人》，李賀描寫了一個冰冷的、永恆的、銀色的、堅硬的、金屬的、水晶的人物。女神是永生的，非同常人的。這是黃河神的宮殿，是冰冷的、美麗的、似蛇的中國神的寓所。中國文學中常有一些

這樣的人物，有時他們模仿金剛神仙和水銀女神，但都及不上李賀《貝宮夫人》裏的翡翠女神般光輝耀眼：

> 丁丁海女弄金環，雀釵揭起雙翅關。
> 六宮不語一生閑，高懸銀牓照青山。
> 長眉凝綠幾千年，清涼堪老鏡中鸞。
> 秋肌稍覺玉衣寒，空光貼妥水如天。⑧

表面看起來李賀詩中大量借用宮廷美妓、歌女妃嬪和風行一時的宮廷美人，但詩歌《洛姝眞珠》卻是一個例外：

> 眞珠小娘下青廓，洞苑香風飛綽綽。
> 寒鬢斜釵玉燕光，高樓唱月敲懸璫。
> 蘭風桂露灑幽翠，紅弦鳥雲咽深思。
> 花袍白馬不歸來，濃蛾疊柳香唇醉。
> 金鵝屏風蜀山夢，鸞裙鳳帶行重煙。
> 八驄籠晃臉差移，日絲繁散曛羅洞。
> 市南曲陌無秋涼，楚腰衛鬢四時芳。
> 玉喉窱窱排空光，牽雲曳雪留陸郎。⑨

從這首詩看，這個可愛的<u>洛姝眞珠</u>像月亮女神一樣，是<u>洛陽</u>眞實存在的一個美人，然而卻描繪到這位眞珠女神從藍天飛至<u>洛陽</u>，戴著飾有金鳥圖案的皇冠，她又像<u>巫山</u>女神一樣，夢想自己像<u>四川</u>的山峰，她是鸞是鳳，確實具有水中仙子的風采。

最後，請看<u>李賀</u>在《天上謠》中用那生花妙筆，在遙望長空時，塑造出仙人的居處和天上的生活：

> 天河夜轉漂迴星，銀浦流雲學水聲。
> 玉宮桂樹花未落，仙妾采香垂珮纓。
> 秦妃卷簾北窗曉，窗前植桐青鳳小。
> 王子吹笙鵝管長，呼龍耕煙種瑤草。
> 粉霞紅綬藕絲裙，青洲步拾蘭苕春。
> 東指羲和能走馬，海塵新生石山下。⑩

在天河夜轉之時，天上仙人的生活是如何令人嚮往。仙人自由自在地去做自己喜歡作的事情：或採桂花作佩囊，或捲簾窗看景色，或吹笙以自娛，或驅龍以耕種，或採摘春花，獨自賞玩。俯視下界凡塵之處，時日飛馳，像跑馬一

般，滄海中的塵土一瞬間又從石山下重新揚了起來。把天上仙人的悠閒生活與人間歲月的迅速飛逝，形成一個強烈的對比。在李賀筆下，仙境的塑造來自對現實生活中常見的現象的加工與提煉。形象鮮明、具體而生動，形成一個卓爾不群的神仙境界，幻化成神奇的景象，簡直就是天上的世外桃源。

第二節 閨思、宮怨

唐人詩中的宮詞、宮怨、閨怨、春怨為一般詩人所愛寫的題材，這類詩篇可以說是汗牛充棟，不可勝數，如上官儀、王昌齡等都是此中高手，名盛一時。在李賀的詩中，寫閨情、詠妓的約三十餘首，是其詩集中篇數最多的。這類詩具有鮮明的形象，意境優美、吐露大膽、感情真摯、色彩濃艷。

試看《大堤曲》：

> 青雲教綰頭上髻，明月與作耳邊璫。
> 蓮妾家住橫塘，紅紗滿桂香。
> 風起，河畔春，大堤上，留北人。

　　　郎食鯉魚尾，妾食猩猩脣。

　　　莫指襄陽道，綠蒲歸帆少。

　　　今日昌蒲花，明朝楓樹老。⑪

這是寫江南一個住在橫塘的少女對北來商客的挽留所發展
的一段愛情故事。請看她的吐露是何等的大膽！她對自己
的美是何等的自信！她對少年郎的挽留是何等的情深意
切！簡直沒有半點羞澀和忸怩。表現了作者對青春生活的
熱愛和歲月難留，紅顏易老的感嘆。詩中配合那種大膽、
開放而眞摯的愛情，因此甚多美言綺語，讀來清麗動人，
有六朝樂府民歌的遺風。

　　又如《蝴蝶舞》，以格調流麗，眞摯感情去寫少婦等
待丈夫歸來的心情。

　　　楊花撲帳春雲熱，龜甲屏風醉眼纈；

　　　東家蝴蝶西家飛，白騎少年今日歸。⑫

詩中描寫春意盎然的景象，少婦獨處閨房之內，只見雙飛
蝴蝶戲於爛漫的春光之中，自然產生「白騎少年今日歸」

的祈求，顯示出她對在外間翩翩浪蕩的少年丈夫是何等的思念，何等的渴望他早日回家，如蝴蝶般的共享雙飛之樂。詩中語氣婉約，意趣濃郁，有齊 梁宮體的餘韻。

如《江樓曲》，寫少婦對遠行丈夫的思念，情境交融，已臻化境：

> 樓前流水江陵道，鯉魚風起芙蓉老。
> 曉釵催鬢語南風，抽帆歸來一日功。
> 鼉吟浦口飛梅雨，竿頭酒旗換青芋，
> 蕭騷浪白雲差池，黃粉油衫寄郎主。
> 新槽酒聲苦無力，南湖一頃菱花白。
> 眼前便有千里思，小玉開屏見山色。⑬

敘寫當此春盡之時，女子曉起梳粧，獨對南風，傾訴離思。遠人若張帆而歸，只消一日的光景，何以竟不見歸來？其中「抽帆歸來一日功」、「黃粉油衫寄郎主」二句，把念遠懷人的心情，細膩而透徹地表達出來。末後四句寫「新槽酒聲苦無力」、「眼前便有千里思」都暗示出

愁思難遣，可謂曲盡其妙。這首詩無論措詞、立意都較濃艷，描寫思婦的心情細膩，逼真而又傳神，結尾四句，委婉含蓄，更顯得意味無窮。

李賀家住昌谷，往返京、洛，途經驪山，滯留京師，都會聽到不少有關宮女的傳說，了解到他們的命運和願望，因而寫了一些同情宮女的篇章。如《三月過行宮》、《感諷六首之五》等。

李賀同情宮女的詩歌寫得很好。如《三月過行宮》：

> 渠水紅繁擁御墻，風嬌小葉學娥粧。
> 垂簾幾度青春老，堪鎖千年白日長。⑭

詩中敘寫經過行宮，見宮墻外御溝水旁的紅繁生長嬌嫩，不禁想到宮女長年深鎖宮禁，斷送青春，因而深致同情，有感而寫了這首詩。他同情那些深鎖宮闈的女子，認為那紅潤面頰的少女們，在那長年重門深鎖的深宮中，又怎能夠忍受呢！詩中也隱寓著自己落拓不遇的淒涼之感。

　　在《感諷六首之五》中，　詩人具體刻劃了失寵嬪妃被幽棄的痛苦心理：

> 曉菊泫寒露，似悲團扇風。
> 秋涼經漢殿，班子泣衰紅。
> 本無辭輦意，豈見入空宮，
> 腰裰佩珠斷，灰蝶生陰松。⑮

表現了詩人對被遺棄者的深刻同情。「詩中用"團扇"、"辭輦"等事，皆用別意點化，乃詩家實事虛用之法。」⑯

　　在中唐時代，描寫宮怨的詩歌很多，而李賀的宮怨詩卻別具一格，既沒有傷春早逝之怨，美人遲暮之情；也不會悲君恩之難返，傷紅顏之命薄。當時一般作家所寫的宮怨詩很少有能和李賀《宮娃歌》媲美的。《宮娃歌》為宮女怨曠之詞，宮娃深居永巷，難見父母。詩中一方面渲染了皇帝的好色多疑、生性狡詐，描寫了宮女極度難耐的痛苦生活，一方面又熱情歌頌了她們對自由生活的極度嚮往。

蠟光高懸照紗空，花房夜搗紅守宮。

象口吹香毾氍暖，七星挂城聞漏板。

寒入罘罳殿影昏，彩鸞簾額著霜痕。

啼蛄弔月鉤闌下，屈膝銅鋪鎖阿甄。

夢入家門上沙渚，天河落處長洲路。

願君光明如太陽，放妾騎魚撇波去。⑰

唐人以宮女為題材的詩篇頗多，其中寫得比較好的，也能反映出宮女在深宮內的苦悶與寂寞，但大多限於因愛情而未能滿足的幽怨，有的甚至是為了沒有獲得皇帝的恩澤而哀愁。然而李賀這一篇詩，卻道出了宮女們對家人的繫念和對自由的渴求，這就更加揭示出宮女制度強迫人們親屬離散、把年輕女子投進「華麗的牢籠」裏，更能接觸問題的實質，顯得更深刻，也更有力。

第三節　同情人民疾苦、揭露豪門皇族生活

中唐時期，朝政腐敗，宦官擅權，藩鎮割據，戰亂頻仍。人民生活於水深火熱之中。李賀在詩中表達了對人民

疾苦的同情。如《感諷五首之一》：

　　合浦無明珠，龍洲無木奴。

　　足知造化力，不給使君須。

　　越婦未織作，吳蠶始蠕蠕。

　　縣官騎馬來，獰色虬紫鬚。

　　懷中一方板，板上數行書。

　　不因使君怒，焉得詣爾廬。

　　越婦拜縣官，桑牙今尚小。

　　會待春日晏，絲車方擲掉，

　　越婦通言語，小姑具黃粱，

　　縣官踏飱去，簿吏復登堂。⑱

詩中描述了一個只見姑嫂，不見男丁的家庭裏，當「越婦未織作，吳蠶始蠕蠕」的時候，「縣官騎馬來，獰色虬紫鬚」，假借使君的命令，不合情理地開始收稅了。由於「越婦通言語，小姑具黃粱」，才打發走縣官，「縣官踏飱去，簿吏復登堂」，貧窮的老百姓，那能經受得了？官吏層層剝削，形成了這樣的局面：「合浦無明珠，龍洲無

木奴。」借古諷今，借東漢時盛產明珠的合浦卻見不到明珠，和三國 東吳末年種有柑千株的龍陽洲也不見柑橘的事，來諷喻中唐統治者對老百姓的繁重剝削。李賀同情人民疾苦，有感而諷，因此有《感諷》之作。這首詩和古樂府的精神十分相似，很像杜甫的《石壕吏》及白居易的《宿紫閣山北村》。中唐時期，州官不僅從農民身上大量搜刮，中飽私囊，聚斂大量的金銀財產，賄賂太監和向皇帝買恩求寵，當時節度使被人們稱爲「債帥」。這首詩所描述的就是在「債帥」之下層層剝削的情形。描述民困，諷刺官吏貪污，寫得十分深刻。其中以辛辣的諷刺和具體鮮明的人物形象，揭露了當時官吏貪得無厭和對百姓殘酷剝削的事實。這也是中唐時期統治者橫徵暴斂，人民被搜刮一空的眞實寫照，表現了詩人對貪官污吏的強烈憤慨和對人民百姓的深切同情。這首詩雖然深刻尖銳，卻又通俗易懂，正如錢鍾書所說：「若偶然諷諭，則又明白曉暢……寫縣吏誅求，樸老生動，眞少陵《三吏》之遺。」⑲ 這首詩繼承了《詩經》和漢代樂府的現實主義傳統，手法和風格與杜甫的《三吏》及白居易的《新樂府》、《秦中吟》等的確相似得很。

　　李賀的《老夫采玉歌》反映了唐代統治者對百姓的繁重徭役。在一個只有老夫和嬌兒的家庭裏，老夫迫不得已，深入藍溪採碧玉。

> 采玉采玉須水碧，琢作步搖徒好色。
> 老夫飢寒龍爲愁，藍溪水氣無清白。
> 夜雨岡頭食蓁子，杜鵑口血老夫淚。
> 藍溪之水厭生人，身死千年恨溪水。
> 斜山柏風雨如嘯，泉腳挂繩青裊裊。
> 村寒白屋念嬌嬰，古臺石磴懸腸草。[20]

這首詩寫一位老采玉工，夜宿山岡，飢餐野果，在狂風暴雨中，身繫長繩潛入急流去采玉，在這生死關頭，不禁惦念起家中的親人。從這一老人身上，我們看到了老人全家的悲慘命運，也看到了無數和他一樣的窮苦百性的悲慘命運。比李賀稍早的詩人韋應物寫過一首《采玉行》的詩，李詩可能是受韋詩的啓發，有所借鑒，而用同一題材再創作的。即便如此，李詩對主題的認識和提煉，雖出于藍但大勝于藍。他寫這詩，不是爲了供朝廷觀風，而是要揭露

給百姓帶來深重災難,以致惹得天怒人怨的統治者,激發人們的同情。役夫含怨抱恨而死於藍溪,是常有的現象,「藍溪之水厭生人,身死千年恨溪水。」老夫自感難免一死而思念其愛子,「村寒白屋念嬌嬰,古臺石磴懸腸草。」老夫冒著生命危險而去採玉,爲的是甚麼?「采玉采玉須水碧,琢作步搖徒好色。」徒然是爲了增添統治者所喜愛的婦女美好的裝飾罷了。清代 姚文燮《昌谷集注》:「唐時貴玉,尤尙水碧。德宗朝,遣內給事朱如玉之安西 于闐 求玉,及還,乃詐言爲回紇奪去。後事泄,流死。復遣使四出采取。」㉑ 內給事是從五品下官階不低的官員,尙且爲求玉不得而死,何況一般的役夫?李賀生值其時,當是聞知此類事實,有所感而作此詩予以諷諭的。

　　李賀詩集作中有大量揭露豪門權貴的作品,因唐代貴族權豪生活十分奢侈,他在詩中加以揭露、諷刺。如《秦宮詩》在詩序中雖說是「撫舊而作長辭」㉒,實借東漢將軍梁冀的孌奴秦宮獲寵,衣服奢華,私宴樓頭,生活極盡奢侈豪華,以諷刺唐代的貴族。詩中揭露豪門權貴驕奢淫逸的腐朽生活。如長詩《榮華樂》㉓ 借詠漢代 梁冀的故

事以譴責當時的皇親國戚的飛揚跋扈，聚歛金銀，並警惕
當時權貴切勿因得一門顯貴而不可一世，最後必會招致殺
身之禍，家破人亡，一切都化為烏有。《牡丹種曲》㉔ 借
種養牡丹諷喻王侯貴族的豪華，自唐以來，牡丹被認為是
天香國色，素有「花中王」之美譽，是一種象徵富貴的
花。當時的王公貴族買花賞花竟至於瘋狂豪奢，重金購
買，只不過供一日之宴賞，轉眼便棄之不顧了，簡直是一
種奢侈浪費。《秦王飲酒》㉕ 借秦始皇之名，諷刺朝廷酣
歌宴舞的逸樂生活。此外，還有《夜飲朝眠曲》、《貴公
子夜闌曲》、《嘲少年》、《梁台古意》等篇，都是專門
揭露豪門貴族腐朽生活的。

　　李賀的詩作中不但大大地抨擊豪門權貴，甚至有諷刺
當朝皇帝憲宗的詩歌，他對憲宗的迷信、昏庸、胡塗、任
用方士及服藥求仙等愚妄行徑，給予大膽的批評和諷刺。
李賀寫詩的年代主要是在憲宗 元和年間，因此主要的諷刺
對象自然是憲宗。例如《苦晝短》、《相勸酒》、《官街
鼓》、《古悠悠行》、《馬詩》等篇，不僅如此，他還對
憲宗寵信宦官，任命吐突承璀遠征失敗一事表示自己的反

對意見。《呂將軍歌》、《感諷六首·其三》就是爲揭露
這件醜行而寫的。

　　《苦畫短》：「何爲服黃金？吞白玉？誰是<u>任公子</u>？
雲中騎白驢。<u>劉徹</u> 茂陵多滯骨，<u>嬴政</u>梓棺費鮑魚。」㉖
就是借<u>漢武帝</u>和<u>秦始皇</u>信方士以求仙來諷刺<u>唐憲宗</u>之好神
仙，信方士。求仙終不可得，結果<u>漢武</u>、<u>秦皇</u>仍是要歸於
陵墓棺槨，何嘗可以得到長生？語多警策，寓意深遠。

　　《官街鼓》：「 磓碎千年日長白，<u>孝武</u> <u>秦皇</u>聽不
得。」㉗ 指出千年的歲月就在鼓聲中消逝去了，只是苦求
長生不老之藥的<u>武帝</u>、<u>秦皇</u>聽不到，以致仍是這般冥頑不
靈地以爲人終可以永不死去，以此諷刺<u>憲宗</u>訪方士、求長
生的愚昧行爲。

　　<u>李賀</u>又在《相勸酒》中直接明白地奉勸皇帝：

　　　　人之得意且如此，何用強知元化心。
　　　　相勸酒，終無輟。伏願陛下鴻名終不歇，
　　　　子孫綿如石上葛。來<u>長安</u>，車駢駢，

中有<u>梁冀</u>舊宅，<u>石崇</u>故園。㉘

這首詩直指「陛下」，也就是明確地向當朝皇帝<u>唐憲宗</u>直諫，認爲<u>唐憲宗</u>只要人生得意，又何必強去求仙訪道？若能把國家治理得好，皇帝自然可以長享盛名，子孫繁衍，國運長久，那不是更能心滿意足嗎？否則像盛極一時的<u>梁冀</u>、<u>石崇</u>，只不過給後世人們非議罷了。

《古悠悠行》：「海沙變成石，魚沫吹<u>秦</u>橋。空光遠流浪，銅柱從年消。」㉙ 以及《馬詩》第二十三首：「<u>武帝</u>愛神仙，燒金得紫煙。廄中皆肉馬，不解上青天。」㉚也是同類的作品。

<u>李賀</u>更大膽地通過宦官統兵不恰當，以諷諭皇帝之用人不當。《呂將軍歌》便是最好的例子：

<u>呂</u>將軍，騎赤兔，

獨攜大膽出秦門，金粟堆邊哭陵樹。

北方逆氣污青天，劍龍夜叫將軍閒。

將軍振袖拂劍鍔，<u>玉關</u> 朱城有門閣。

> 榼榼銀龜搖白馬，傅粉女郎火旗下。
>
> 恆山鐵騎請金槍，遙聞箙中花箭香。
>
> 西郊寒蓬葉如刺，皇天新栽養神驥。
>
> 廄中高桁排寒蹄，飽食青芻飲白水。
>
> 圓蒼低迷蓋張地，九州人事皆如此。
>
> 赤山秀鋌御時英，綠眼將軍會天意。㉛

詩中提到呂將軍一心為國，驍勇非凡，卻被派去護衛唐玄宗的陵墓。當北方的藩鎮叛亂的時候，他的佩劍都忍不住要飛騰而出了，而他卻被閒置不用。派去的將軍竟是個傅粉女郎 —— 宦官，她騎在白馬之上，出現在紅旗之下，敵人只能聞到她箭袋中的香氣。這是多麼辛辣的嘲諷，多麼嚴正的斥責。據葉蔥奇疏注：「這首詩所譏誚的傅粉女郎，即指吐突承璀。太監作統帥，所以用女郎來比。」㉜而據歷史記載，唐憲宗 元和四年，成德軍節度使王士眞死，其子王承宗逼脅朝廷要他繼任，目的未達，就起兵反叛，由此可見當時藩鎮的跋扈囂張。而昏庸的憲宗毫不理會朝中群臣陳辭懇切的反對，竟派宦官吐突承璀為河中、河南、浙西、宣歙等道赴鎮州行營兵馬招討使，作為平亂

的統帥，結果大敗。李賀即以此爲背景而寫了這首詩，寫出宦官統帥的卑弱無能，竟在敵人面前龜縮逃跑，與呂將軍的驍勇形成強烈的對比，把中唐時期任用宦官，排斥賢能的腐朽政治暴露得非常深刻。詩中諷刺說：「圓蒼低迷蓋張地，九州人事皆如此。」主宰九州人事的，自然是「傅粉女郎」吐突承璀的後臺唐憲宗了，這亦反映出中唐時期宦官擅權的弊政。這首詩感情濃烈，嘲諷辛辣，語句憤激，全然表現出李賀一腔憤懑的心態，應是他在朝中任奉禮郎時所作。

第四節　抒發個人苦悶

李賀是唐朝皇室之後，出身高貴，這是他念念不忘並常常引以自豪的。在《金銅仙人辭漢歌》序中自稱「唐諸王孫李長吉」，顯然是炫耀門第。在《台兒歌》的結尾處，提醒人們「莫忘作歌人姓李」，也以能和唐朝皇帝宗室同姓而自傲。其實，李賀的家世雖屬唐宗室，卻不是嫡系，甚至他早已家道中落，地位低微。他那皇孫身分只不過是個虛名罷了。加上正當李賀意氣風發的時候，由於父

親的名字而引起的科場中傷事件，斷送了他的前程。在黑暗的現實社會中，他找不到出路，美好的理想化爲泡影。於是將滿腔憂傷寓之於詩歌。他馳騁想像，飛上天空，用浪漫主義所創造出的藝術形象夢境來表現他的懷抱。而塵世的渺小多變，即意味人生的榮辱浮沉，變在須臾，不屑一顧。如《夢天》就是這樣的作品：

老兔寒蟾泣天色，雲樓半開壁斜白。
玉輪軋露溼團光，鸞珮相逢桂香陌。
黃塵清水三山下，更變千年如走馬。
遙望齊州九點煙，一泓海水杯中瀉。㉝

「夢天」，即夢中遊天。這是一首遊仙詩，乃由晉 郭璞《遊仙詩》㉞ 變化而來。而郭璞的《遊仙詩》亦是通過夢遊天空的境界，表現了對美好世界的嚮往及世事變遷的感慨，遊仙者以表達他對世俗的不滿。前四句描寫月宮之景與仙女相遇之情景：月光潔白如水，瓊樓半開，斜月照壁，月輪在佈滿露珠的空中輾過。從月之初升，寫到月正當空。此時在月宮的桂香路上與身戴鸞珮的仙女相會了。

後四句描寫從天上俯視人間，覺得塵世是那麼渺小而微不足道，曲折地表現了詩人厭惡塵世，企圖尋找一個廣闊、美好的天國思想。從月宮俯視天下，水陸時復更換，有時變為黃塵，有時變為海水，千載滄桑之變，猶如白雲蒼狗。置身雲漢，俯看地面，中州之大，如九點煙塵；四海之廣，似杯水傾瀉。全詩用的是遊仙的形式，利用豐富的想像力來表達自己對現實生活的不滿，用以宣洩心中的鬱悶。

　　李賀一生所受的壓抑不少，往往從詩歌中可以體悟出來，以他的《開愁歌》為例：

> 秋風吹地百草乾，華容碧影生晚寒。
> 我當二十不得意，一心愁謝如枯蘭。
> 衣如飛鶉馬如狗，臨岐擊劍生銅吼。
> 旗亭下馬解秋衣，請貰宜陽一壺酒。
> 壺中喚天雲不開，白晝萬里閒淒迷。
> 主人勸我養心骨，莫受俗物相填阨。㉟

李賀舉進士不第，黯然回歸故里，後又赴長安，途經華陽縣，而有此作。詩中表現了他因被讒落第的憤懣，抱負不

能實現的鬱悶，生活貧困，只能解衣買酒以求「開愁」，但仍然愁雲難散，只有借店主人的話來強自寬解 。表現了詩人因受壓抑而激憤和傲岸不馴的氣概， 表現了詩人對黑暗現實的強烈不滿，不甘沉淪的頑強精神。這首詩筆調豪放，意境蒼涼，或寫景，或敘事，或抒情，混然一體，而又脈絡明晰，被錢鍾書稱為「眉疏目爽之作」㊱ 這詩可說是李賀獨有的風格。大概作於二十歲時，這位年幼時就已顯現出不同凡響的才華，譽滿京師，原本滿懷希望、抱負的上京赴進士科考試，怎料因父諱，竟受到謗言影響而不能登進士榜，從此杜絕了仕進之路。這一沈重的打擊，使詩人一生處於哀怨孤獨之中，詩中表現出鬱鬱不得志和強烈的憤懣。

李賀有不世的才華，超卓的見識，精穎的詩思，然而卻是生不逢時，憔悴以歿。儘管詩人是年輕的，但心態早已處於一個悲悽涼愴的境地，他的詩裏常常湧現的就是這種心情。《傷心行》在題目上已點明詩人的心境，從詩篇末後「羈魂」一詞看來，也許這詩是作於科場失意之後。

咽咽學楚吟，病骨傷幽素。

秋姿白髮生，木葉啼風雨。

燈青蘭膏歇，落照飛娥舞。

古壁生凝塵，羇魂夢中語。㊲

這詩最獨特的是全詩四十言，不露一個傷心的字樣，但在自身形像與周圍景物的相融相生之中，字字句句都明顯地表現出詩人內心那難言難述，沉重傷心之意，從而使人感覺到詩人的軀體中那顆已經傷透了的心，也使人間接體會出一個年輕而且有卓絕才華的詩人，在不合理的社會裏，生活是多麼的痛苦，多麼的不幸。

第五節　歌頌家鄉風光

李賀對家鄉昌谷懷有深厚的感情，在詩集中提及昌谷的詩有多首，單以昌谷爲題的詩便有《昌谷詩》、《昌谷北園新筍四首》、《昌谷讀書示巴童》、《自昌谷到洛門後》、《春歸昌谷》、《始爲奉禮憶昌谷山居》等多首，此外，《題歸夢》、《南園十三首》、《感諷六首》、《南山田中行》、《崇義里滯雨》等等都有提及昌谷的景色。

　　昌谷一地，據王琦《李長吉詩歌匯解序》云：「昌谷在洛陽，地志多失載。」又云：「其地皆在今河南　宜陽縣中，宜陽於唐、宋時爲福昌縣。」㊳　福昌本水名，一名昌澗，東流入洛水。故昌谷當在河南、洛水一帶之地，那兒土地肥沃，水源豐富，固然是大好農耕之地，農村景色，最爲宜人。且看其《昌谷詩》：

> 昌谷五月稻，細青滿平水。
>
> 遙巒相壓疊，頹綠愁墮地。
>
> 光潔無秋思，涼曠吹浮媚。
>
> 竹香滿淒寂，粉節塗生翠。
>
> 草髮垂恨鬢，光露泣幽淚。
>
> 層圍爛洞曲，芳徑老紅醉。
>
> 攢蟲鎪古柳，蟬子鳴高邃。
>
> 大帶委黃葛，紫蒲交狹涘。
>
> 石錢差復籍，厚葉皆蟠膩。
>
> 汰沙好平白，立馬印青字。
>
> 晚鱗自遨遊，瘦鵠暝單峙。
>
> 嘹嘹濕姑聲，咽源驚濺起。

‧‧‧‧‧‧‧‧‧‧‧ ‧‧‧‧‧‧‧‧‧‧‧

芒麥平百井，閒乘列千肆。

剌促成紀人，好學鴟夷子。㊴

詩中歌頌了家鄉昌谷一帶的景色，五月時都栽滿了稻秧在
水田之中，一片嫩綠，煞是可愛。遠山重疊，草樹叢生，
涼爽的風吹動著草木，竹香濃罩著整片幽林，如頭髮般的
長草上遍佈了露珠 ‧‧‧‧‧‧‧‧，整首詩都在述說昌谷的美景，
而且描繪細膩傳神，由昌谷村野、神女祠，以至福昌宮，
都一一分段細說，令人不期然而沈湎於山光水色之中。末
四句更指出在這樣風景優美、風俗純樸的農村地方，詩人
本是感到跼蹐愁苦的，何必向都城去謀求進取，大可在這
像范蠡一樣隱居高臥，悠然自在，度其餘生了。

李賀對昌谷的一草一木，都懷有很深的感情，尤其是
象徵清高、優雅脫俗的竹更是歌頌最多者，他有《昌谷北
園新筍》詩四首，其一云：

籜落長竿削玉開，君看母筍是龍材。

更容一夜抽千尺，別卻池園數寸泥。㊵

這詩寫作者被家鄉的竹筍吸引住了,於是把竹筍來一個大特寫,但見筍皮剝落,新筍嶄露,綠光閃爍,有如削玉一般破土而出。而且還是在一夜之間,長高千尺,從而讚美故鄉北園新筍的生機,也就是對時間、月光、雨露等客觀條件的企盼和呼喚。

　　李賀也有一些歌頌家居南園時所見山明水秀、令人歡愉的山水田園景色,《南園十三首》其二便是這樣的小詩:

> 宮北田塍曉氣酣,黃桑飲露窣宮簾。
> 長腰健婦偷攀折,將餧吳王八繭蠶。④

這是他描寫家鄉田園瑣事,村婦攀折桑枝去飼養新蠶的景象。其八云:

> 春水初生乳燕飛,黃蜂小尾撲花歸。
> 窗含遠色通書幌,魚擁香鉤近石磯。㊷

　　這是一幅清新悅目、春意盎然的初春垂釣圖。他以輕快的筆觸,捕捉了大自然的綺麗風光。其十三云:

小樹開朝徑，長茸濕夜煙。

柳花驚雪浦，麥雨漲溪田。

古剎疏鐘度，遙嵐破月懸。

沙頭敲石火，燒竹照漁船。㊸

這首五言律詩總括性地描寫了暮春時節南園周圍從早晨到晚上的各種景色：旖旎的風光、盪漾的碧波、紛飛的柳絮、迷人的山嵐……。這些景物組合成一幅優美的圖畫，在清新和恬靜之中，也透露了詩人懷才不遇的傷感。

《南山田中行》寫的則是家鄉的實況：

秋野明，秋風白，塘水潦潦蟲嘖嘖。

雲根苔蘚山上石，冷紅泣露嬌啼色。

荒畦九月稻叉牙，蟄螢低飛隴徑斜。

石脈水流泉滴沙，鬼燈如漆點松花。㊹

詩中的南山，自然是其家鄉昌谷的一座山丘。秋天原是最易令人感觸的季節，詩中細膩地描寫了深秋時節原野上的風色、塘裏的蟲聲，以至蟄螢的低飛，隴徑的歪斜，

一直到石隙的水流，清泉的沙石，以及磷火在村林間飄盪，可以說是寫盡了南山田中的秋色夜景和幽深氣氛，使人如聞其聲，如臨其境。

此外，如《自昌谷到洛門後》、《春歸昌谷》、《始為奉禮憶昌谷山居》《題歸夢》、《感諷六首》、《崇義里滯雨》等等都有提及昌谷的景色，而且都是描繪深刻，文筆細膩的家鄉實景。

李賀是一個感情洋溢的詩人，不論對人對物都很容易產生深厚的情誼。加上他愛戀家鄉，在詩作中往往對昌谷多所歌頌。昌谷可說是唐代景色優美的旅遊勝地，詩人在昌谷生活、成長，自然對昌谷懷有一份濃郁的感情，在詠昌谷諸詩中，都能細緻真實地鉤畫出來。

第六節　歌頌藝術家的技藝

李賀不但在音樂方面的修養精湛，而且對當時的音樂家也予以歌頌，最著名的要算是《李憑箜篌引》：

吳絲蜀桐張高秋，空白凝雲頹不流。

江娥啼竹素女愁，李憑中國彈箜篌。

崑山玉碎鳳凰叫，芙蓉泣露香蘭笑。

十二門前融冷光，二十三絲動紫皇。

女媧煉石補天處，石破天驚逗秋雨。

夢入神山教神嫗，老魚跳波瘦蛟舞。

吳質不眠倚桂樹，露腳斜飛濕寒兔。㊺

這首詩是李賀在京師長安做奉禮郎時聽到著名樂師李憑彈奏箜篌以後寫的。他巧妙地運用了神話傳說，以奇詭的想像，獨特的比擬，瑰麗的意境和富有創造性的語言，再現出李憑演奏箜篌的神妙樂聲和它所造成的極強的藝術感染力。這是我國古代詩詞中描繪音樂藝術的傑作，它和白居易的《琵琶行》、韓愈的《聽穎師彈琴》，皆摹寫聲音出神入化，無一字落前人窠臼。

李憑是中唐頗負盛名的一個樂師，是梨園子弟中擅長彈箜篌者。㊻ 李賀用了生動、準確、形象的語言來表達複雜的思想情緒。音響的高低強弱和色彩的濃淡變幻，更是

經過金雕玉琢。詩中不僅善用神話傳說，而且還運用他所擅長的獨特的表現手法，創造了十分生動的形象。詩人形容李憑彈箜篌的技術精妙時，竟使天上的白雲也聽得呆住，水也為之不流，連水神、霜神都被感動了。他還這樣描述箜篌的聲音：清脆如昆山玉碎，嘹亮如鳳鳴九天，淒切如荷花泣露，喜悅如香蘭含笑。這聲音竟使魚跳蛟舞，傳到上天連住在月宮裏的吳剛也感動得不能成眠。天穹也被這聲音震破，女媧補天的碎石竟至化作秋雨。整首詩曲盡摹繪之能事。誇張一點來說，真是「天地神人，山川靈物，無不感動鼓舞。」㊼

又有《聽穎師彈琴歌》（按韓愈亦有《聽穎師彈琴》一詩）並沒有直接摹寫樂聲，只是突出強調聽樂時和聽樂後不時激起的幽忽激楚、飄渺清肅的主觀感受，而這種感受又是通過能引起類似感受的視覺形象來表達的，因而富有怪誕虛幻的色彩。全詩凡十六句：

別浦雲歸桂花渚，蜀國弦中雙鳳語。
芙蓉葉落秋鸞離，越王夜起遊天姥。

　　暗佩清臣敲水玉，渡海蛾眉牽白鹿。

　　誰看挾劍赴長橋，誰看浸髮題春竹？

　　竺僧前立當吾門，梵宮真相眉稜尊。

　　古琴大軫長八尺，嶧陽老樹非桐孫。

　　涼館聞弦驚病客，藥囊暫別龍鬚席。

　　請歌直請卿相歌，奉禮官卑復何益。㊽

詩中高度讚賞了穎師這個僧人彈琴的技藝。除了用「芙蓉
葉落秋鸞離，越王夜起遊天姥。暗佩清臣敲水玉，波海蛾
眉牽白鹿」形容穎師的琴聲淒楚、超越、清泠、激昂、酣
暢外，更以「涼館聞弦驚病客，藥囊暫別龍鬚席」謂賓客
中聽到這般高妙的琴聲者，精神爲之一振，疾病亦因之而
暫時痊愈，來側寫琴音之絕妙。至於末後兩句，雖則是一
般詩之通式------ 借敘事以抒發詩人憤世之意，卻又似暗示
穎師之琴藝應由更高地位的卿相作文寫詩予以讚揚，俾增
益其身價。

　　寫樂人的還有《申胡子觱篥歌》：

　　顏熱感君酒，含嚼蘆中聲。

花娘篸綏妥，休睡芙蓉屏。
誰截太平管？列點排空星。
直貫開花風，天上驅雲行。
今夕歲華落，令人惜平生。
心事如波濤，中坐時時驚。
朔客騎白馬，劍弝懸蘭纓。
俊健如生猱，肯拾蓬中螢。㊾

在原詩幷序中說得很明白，申胡子只不過是北方來的一個「蒼頭」（奴僕），李氏命申胡子吹觱篥來娛樂賓客，李賀於是寫了《申胡子觱篥歌》。詩中內容雖並非以讚美申胡子吹觱篥爲主，然卻有用側面的描寫手法指出樂聲之美妙，就是花娘聽到了，也深宵不寐，立而傾聽。正面直接描寫觱篥的吹奏聲，激越直可衝風，高亢直上雲霄可驅雲浮動，至於自己的心事像波濤般洶湧，亦可說是由於李賀聽到了這種悲壯蒼茫的樂聲而爲之唏噓不已，由此可見申胡子吹觱篥技藝之精湛。

此外，李賀又有《楊生青花紫石硯歌》，詩中用「端

州石工巧如神，踏天磨刀割紫雲」㊿ 以讚嘆墨硯工匠所製作的硯，並於詩末謂孔子廟中石硯亦不足與之相比。這些藝術的工作者，一個個在他筆下，都可以鮮明地表現出他們獨特的技藝來。

【註　釋】

① 見王琦等注《李賀詩歌集注》，上海 人民出版社，頁56。

② 見郭茂倩編《樂府詩集》，北京 中華書局 ，頁1203。又見《玉台新詠》〈錢塘蘇小歌〉我作妾，郎乘作郎騎。

③ 見《李紳詩注》，上海 上海古籍出版社 ，頁100。

④ 同註①，頁74。

⑤ 同註①，頁121。

⑥ 同註①，頁49。

⑦ 同註①，頁58。

⑧ 同註①，頁292。

⑨ 同註①，頁80。

⑩ 同註①，頁70。

⑪ 同註①，頁54。

⑫ 同註①，頁208。

⑬ 同註①，頁301。

⑭ 同註①，頁159。

⑮ 同註①，頁340。

⑯ 見王琦注。

⑰ 同註①，頁129。

⑱ 同註①，頁154。

⑲ 《談藝錄》七，北京 中華書局，一九八四年九月，頁47。

⑳ 同註①，頁113。

㉑ 同註①，頁422

㉒ 同註①，頁214。

㉓ 同註①，頁266。

㉔ 同註①，頁210。

㉕ 同註①，頁76。

這首詩題雖爲《秦王飲酒》，但全詩都沒有提及秦始皇的故事，足見本詩並非詠秦始皇的。只是借秦皇之名，

以「嘆息德宗早年英勇，而即位以後，竟縱情宴樂，忽
爲長逝，有爲他惋惜的意思。」（葉蔥奇《李賀詩集疏
注》頁55）

㉖ 同註①，頁221。

㉗ 同註①，頁317。

㉘ 同註①，頁271。

㉙ 同註①，頁97。

㉚ 同註①，頁110。

㉛ 同註①，頁308。

㉜ 見葉蔥奇疏注《李賀詩集》，北京 人民文學出版社，
頁301。

㉝ 同註①，頁57。

㉞ 郭璞《遊仙詩》是一組詩歌，原有多少首已不可考。張
溥於《漢魏六朝百三名家集》輯錄有十四首，完整的只
有十首。（詩見《郭弘農集校注》，鄭州 中州古籍出
版社，頁295。）詩中所寫的仙境都很美，多爲描繪出
詩人終身追求的、自由自在的神仙境界，李賀詩與之頗
有相類之處。

㉟ 同註①，頁213。

㊱ 同註⑲，頁58。

㊲ 同註①，頁115。

㊳ 同註①，頁1。

㊳ 同註①，頁230。

㊵ 同註①，頁140。

㊶ 同註①，頁86。

㊷ 同註①，頁89。

㊸ 同註①，頁93。

㊹ 同註①，頁121。

㊺ 同註①，頁31。

㊻ 在《全唐詩》卷三三三中有楊巨源《聽李憑彈箜篌》二首，中唐名士顧況有《李供奉彈箜篌歌》：「國府樂于彈箜篌，赤黃條於金鋯頭。」可見李憑彈奏箜篌的技藝已受當時士人稱道。

㊼ 同註①，頁389，姚文燮《昌谷集注》。

㊽ 同註①，頁358。

㊾ 同註①，頁111。

㊿ 同註①，頁217。

第四章　李賀詩的體裁

第一節　樂府古詩

李賀詩歌中以古詩、樂府爲最佳。毛馳黃《詩辯坻》認爲「大曆以後，解樂府遺法者，惟李賀一人。設色穠妙，而詞旨多寓篇外，刻於撰語，渾於用意。」① 在他的古詩中，《將進酒》可以說是其代表作：

琉璃鍾，琥珀濃，小槽酒滴眞珠紅。

烹龍炮鳳玉脂泣，羅幃繡幕圍香風。

吹龍笛，擊鼉鼓，皓齒歌，細腰舞。

況是青春日將暮，桃花亂落如紅雨。

勸君終日酩酊醉，酒不到劉伶墳上土。②

唐代樂府詩，題名繁多，據胡震亨《唐音癸籤》云：

其題或名歌，亦或名行，或兼名歌行。又有曰引者，曰曲者，曰謠者，曰辭者，曰篇者。有

曰詠者，曰吟者，曰嘆者，曰唱者，曰弄者。復
有曰思者，曰悲若哀者，曰樂者。凡此多屬之樂
府，然非必盡譜之於樂。③

　　李賀樂府詩幾乎用遍了這些題名。如《浩歌》、《致
酒行》、《箜篌引》、《莫愁曲》、《天上謠》、《拂舞
歌辭》、《月漉漉篇》、《夜坐吟》、《江南弄》、《銅
駝悲》、《榮華樂》等等。

李賀受古樂府影響而作樂府詩。古樂府與他的詩之間存在
著繼承關係，既見模擬痕跡，亦有創新之作。他的《將進
酒》受漢代鼓吹饒歌十八曲《將進酒》：「將進酒，乘大
白」之影響，大略以飲酒放歌為言。此樂府題有兩個值得
注意的地方。第一點，他有創新才能，寫出名句：「況是
青春日將暮，桃花亂落如紅雨。」這句由於形象性很強而
受到後人讚賞；另一句：「勸君終日酩酊醉，酒不到劉伶
墳上土」確是奇語。第二點，詩中「烹龍泡鳳玉脂泣，羅
幃繡幕圍香風。」乃採錄古樂府歌辭。又如《莫愁曲》：
「青絲繫五馬，黃金絡雙牛。」是受古樂府詩影響而寫成

的。此句出自《羅敷行》的「青絲繫馬尾，黃金絡馬頭。」不過這類詩歌在其詩中爲數極少。

　　李賀在繼承古樂府的基礎上，力求創新，希望超過前人，這個意圖，表現在《公莫舞歌》的序中：「公莫舞歌者，詠項伯翼蔽劉沛公也。會中壯士，灼灼於人，故無復書；且南北樂府率有歌引。賀陋諸家，今重作《公莫舞歌》云。」這就說明了他研究過諸家《公莫舞歌》，覺得不滿意，就在繼承前人的基礎上創新。他傾慕古樂府，但不受古樂府的拘束，包括題目在內有所創新，因此能寫出獨具一格的樂府詩。正如胡震亨《唐音癸籤》卷七引徐獻忠語云：

　　　　長吉天才奇曠，又深於南北朝樂府古詞，得其怨鬱博豔之趣，故能鏤剔異藻，成此變聲。使幽蘭未萎，竟其大業，自鏟詭蕪，歸於大雅，亦安能定其所詣。④

　　在古詩中，李賀又以七言古詩最爲擅長，數量佔其全部作品的三分之一強。他所作之詩，注重主觀感受，而古

詩在內容上易於發揮，意之所在，即可圓滿地表達其思想
而創作。在形式上，七言是較易於發揮音節上的功能。而
事實上，他的七古頗受當時民歌的影響，常常運用「三三
七」的句式，「復沓」、「重章」的修辭方式，與民歌的
表現手法極為相近。因此信手拈來，無不成句，對他來
說，七古是最為合適了。

第二節　近體詩

一、以五絕為主，七絕為佳。

　　李賀寫近體詩，絕句數目不多，總共只有四十八首，
其中五言絕句二十九首，七言絕句十九首。個中原因在他
的《贈陳商》一詩裏可以看得很明白。一方面是他對詩歌
的最大興趣在於《楚辭》，故時常把古奧的《楚辭》放在
肘後。另一方面是藉著介紹陳商：「淒淒陳述聖，披褐鉏
俎豆。學為堯、舜文，時人責衰偶。」⑤以說明自己與陳
商有同好，不愛寫時人認為時尚的駢體文與對偶詩。

　　李賀偶有五律之作，如《七夕》、《竹》《過華清

宮》、《感春》、《仙人》等寫得還不錯，估計多在他二十歲前後所作，然而較之七絕、五絕，就遜色多了。《馬詩二十三首》、《昌谷讀書示巴童詩》、《貴公子夜闌曲》都是較佳的五絕，七絕如《南園十三首》（前十二首為七絕，最後一首為古詩）、《昌谷北園新筍四首》、《蝴蝶舞》就更為出色了。

二、不寫七言律詩

李賀除了有很少的幾首五言律詩外⑥，七言律詩（包括七言律詩和七言排律，即當時所謂七言近體。）一首也不寫。在他的全部作品中，確如姚文燮《昌谷詩集注·凡例四則》中所說：「斯集唯古體為多，其絕無七言近體者。深以爾時之七言近體為不可救藥而姑置不評論也。」⑦

李賀的七言歌行寫得很好，為時人所公認。杜牧《李長吉歌詩敘》：「元和中，韓吏部亦頗道其歌詩。」其作品中也提及這個問題，且看《申胡子觱篥歌并序》：

　　申胡子，朔客之蒼頭也。……自稱學長調短

調久未知名。…… 氣熱杯闌，因謂吾曰：「李長吉，爾徒能長調，不能作五字歌詩，直強迴筆端，與陶、謝詩勢相遠幾里」吾對，「後請撰《申胡子觱篥歌》，以五字斷句。」⑧

這裏所說的短調，指五字句，長調，指七字句。「自稱學長調、短調」的申胡子，稱譽李賀能長調，可證他善作七字斷句的長調，這種長調畢竟與七言律詩有所不同，七言律詩講究聲韻之平仄和對仗。李賀對聲律、對仗的運用能力，除了有為數甚少的五律為證，更可舉其七絕為例。《南園十三首》中的前十二首是七絕，黃陶庵評本、黎二樵批點《李長吉集》：「十二首絕句，皆長吉停頓之作，七絕之正格也。」這可證明聲韻平仄方面，他是絕無問題的。且再看一下具體的對偶句子。《南園十三首》中《其七》的一、二句，「長卿牢落悲空舍，曼倩詼諧取自容。」《其八》的三、四句，「窗含遠色通書臥鴛鴦暖，曲岸迴篙舴艋遲。」《其十一》的三、四句，「自履藤鞋收石蜜，手牽苔絮長蓴花。」都屬工整的對偶幌，魚擁香鉤近石磯。」《其九》的一、二句，「泉沙軟句。《其十二》的一、二句，「松溪黑水新龍卵，桂洞生硝舊馬牙。」更是每字每詞都符合標準的對偶句。在十二首七絕

之中，有工整的對偶者佔了五首，接近半數。這些對偶句，同樣適用於七律中按嚴格對偶要求的頷聯和頸聯。由此可見，他是具有寫七言律詩的能力的，只是他不願意寫罷了。

李賀不寫七言律詩，係出於對時俗所趨的元和體的憎惡，進而反對由於元和體的廣泛流傳而形成的一股中唐纖麗浮蕩的詩風。他所處的中唐 元和年間，用律體包括五言律與七言律寫的風靡一時的元和體，流傳頗廣，影響頗大，因而形成一股不正的詩風，嚴重妨害了詩人對於當時重大現實內容的反映。他憎惡元和體，是理所當然的。雖然，他憎惡到連元和體中的主要形式之一的七言律詩都不寫，未免有因噎廢食之嫌。七言律詩，只要在重視形式的同時，能重視內容，不僅可以寫，而且應該提倡。當時，與他同樣憎惡元和體的名家，為數不少。如《舊唐書・韓愈傳》：「常以為自魏、晉以還，為文者多拘偶對。……故愈所為文，務反近體，抒意立言，自成一家新語。」⑨為文如此，為詩亦然。韓愈在詩歌方面，力倡復古，反對騈儷，即反對中唐時期蔚然成風的元和體。韓愈的詩，確多古體而少近體。韓愈的詩歌主張，深得孟郊的支持。在偏重聲韻、對偶的七言律詩，孟郊一首也不寫。這一群苦吟詩人可說是有共同的意向。

　　李賀憎惡元和體，除了他很少寫五言律詩，絕無七言律詩這個詩歌創作行動可以表明外，還可以從他的《贈陳商》詩中得到印證。他在長安作奉禮郎時，陳商曾來拜訪。陳商愛寫語高旨深的古文，但由於為文不拘對偶而背離時俗好尚。韓愈在《答陳商書》中說：「今舉進士於此世，求祿利行道於此世，而為文必使一世人不好，得無與操瑟立齊門者比歟？」⑩ 陳商訪李賀時尚未進士及第。李賀作《贈陳商》詩，說及陳商「學為堯、舜文，時人責衰偶。」時人重視對偶，而他師法陳商，因此同樣會遭到時人的責難，不過他並沒有因之而追求時尚。詩人善於運用對偶，原可增加詩的藝術性，然而像元和體般過分拘泥於對偶的運用，必然束縛思想內容的表達。這是他憎惡元和體而不寫七言律詩的主要原因。

　　況且李賀本性好古、喜用冷僻字，近體詩不宜發揮，倒不如多寫幾篇古詩了。

【註　釋】

① 見王琦等《李賀詩歌集注》，上海 上海人民出版社，頁19。

② 同註①，頁312。

③ 見胡震亨《唐音癸籤》，上海 上海古籍出版社，一九八一年，頁2。

④ 同註③，頁67，引徐憲宗語。

⑤ 同註①，頁192。

⑥ 試以《王琦匯解李長吉詩歌》中數算，五律大概只有二十七首，佔現存李賀詩十分之一強。

⑦ 同註①，頁385。

⑧ 同註①，頁111。

⑨ 見劉昫等《舊唐書》，北京 中華書局，一九七五年二月，卷160，頁4195。

⑩ 見馬伯通《韓昌黎文集校注》，香港 中華書局，一九九一年十一月，頁123。

第五章　李賀詩的寫作技巧

第一節　字句精練

作詩填詞與寫文章的最大不同是所使用的每一個字、詞，都得刻意加以錘煉、推敲，做到字穩詞妥，警策動人。

李賀作詩，在遣詞用字上甚爲講究，力求語言清新，片言隻字均極洗練生動感人，而又不致以辭害意。例如他的詠物詠人之作，在用字造句方面，不但求其形似，抑且求其神完。試舉《春坊正字劍子歌》爲例，詩中讚揚春坊正字官收藏的一把寶劍，用新奇的比擬，特別的想像，美妙的誇張等藝術手法，描繪了這把寶劍的光芒、質地、裝飾及功用，而又寓意深刻地把它和斬蛟的周處、刺秦王的荊軻以及劉邦的斬蛇劍聯繫在一起，含蓄地表達了對寶劍主人的希望。從來寫劍者，只重其形之鋒利，這首詩卻能形神並重，寫得傳神非常。不僅寫劍如此，他的《李憑箜篌引》寫琴音，《楊生青花紫石硯歌》寫硯匠採石製硯，

《秦王飲酒》寫秦王，《金銅仙人辭漢歌》寫銅仙，《馬詩二十三首》寫馬，《昌谷北園新筍四首》寫竹筍，《羅浮山人與葛篇》寫葛布，無論寫人寫物，人物之巨細，都既寫得形象具體生動，又刻劃出事物的神態，其妙處又常常只在一字一句上。《河南府試十二月樂辭》是李賀早年應制的作品，但已可看出他用字造句的精當。如《七月》五、六句：「使天如玉砌，池葉極青錢。」上句寫月光雲層疊積，月光照射，狀如玉階。這正是初秋月夜常見的景色。下句寫荷葉很小，小到頂多有青錢那麼大。一個極字，下得非常有力。七、八句「僅厭舞衫薄，稍知花簟寒。」用「僅厭」、「稍知」來形容乍涼未寒的天氣。結尾二句「曉風何拂拂，北斗光闌干」，寫拂曉時晨風吹來，令人感到微有涼意，恰合初秋七月的時令。

李賀詩字字雕琢，鍛鍊極工，搜索枯腸，然後為句，真可謂嘔心之作。這顯然是受了六朝文學的影響。至於在長詩裏以一二警句，點明詩題，使全篇的主題呼之欲出者。如《秦宮詩》裏敘述梁冀家奴秦宮的腐化靡爛的生活，濫用國庫錢財，有如「開門爛用水衡錢，卷起黃河向身瀉。」① 一語破的，比喻形象生動，令人發出會心微

笑。這是他在長詩裏擅用的表現手法，眞是全篇警策之
處。至於其詩中的用字，更可以看出他的千錘百煉，一絲
不苟，細緻入微。就以《王濬墓下作》爲例，詩中的「菊
花垂濕露，棘徑臥乾蓬」② 。一個「垂」字，就把殘菊的
姿態刻劃得維妙維肖；而一個「臥」字，把「乾蓬」寫得
極爲眞切。又如《楊生靑花紫石硯歌》：

> 端州石工巧如神，踏天磨刀割紫雲。
> 傭刓抱水含滿唇，暗洒萇弘冷血痕。
> 紗帷晝暖墨花春，輕漚漂沫松麝薰。
> 乾膩薄重立腳勻，數寸光秋無日昏。
> 圓毫促點聲靜新，孔硯寬頑何足云。③

　　詩中寫在硯石上磨墨，然後蘸筆，而蘸筆時是「圓毫
促點聲靜新」。這裏所描述的以筆蘸墨，因而發出一點兒
聲音，但這點聲音絕不會太大聲，要靜靜地才能聽得到，
詩人用了一個「新」字，眞是細緻之極，靜者多心妙，連
寫字的藝術也使人感受到了。而在詩的最後一句「孔硯寬
頑何足云」，則又把孔子廟中所製古樸的石硯，在與楊生
石硯相比之下，都給比下去了，藉以托高題面。由此可

見，他在煉字中，並不是爲煉字而煉字，而是與詩人的思想感情作出了緊密的結合。

綜上所述，<u>李賀</u>詩歌的藝術技巧是爲浮現、突出其詩歌內容而運用的，這種和他苦心孤詣辛勤地創作，和對文字的掌握技巧精熟有著不可分割的關係。其詩作眞可謂落筆不苟，造語精警，一字一句，均具匠心。

第二節　反駢偶傾向

<u>六朝</u>以來，詩歌創作中的駢儷之風隨著駢文的發展而大盛。至於<u>初唐</u>，律詩逐漸形成，駢偶對仗成爲律詩形式上一個重要的藝術特徵，其影響並不及於古詩。因爲古詩中若過多地使用對偶，容易流於整麗平熟，多少有損其格調和骨力。這是<u>韓愈</u>一派力反駢偶，以求矯正這種風氣的原因之一。<u>李賀</u>詩歌中有一種反駢偶的傾向，這和<u>韓愈</u>的主張相同。

<u>唐代</u>科舉考試，自<u>中唐</u> <u>大和</u>以後，例分詩賦、策義二

種。其中試帖詩必須符合所指定的程式，而符合進士試程式的當時亦同樣流行靡靡詩風，這樣固然受到多數士子的欣賞，卻也受到一些有識之士的反對，<u>韓愈</u>便是反對最力的一個。<u>韓愈</u>提倡古文，反對駢儷浮豔的文風，這是眾所周知的事實。<u>韓愈</u>反對駢文，是由於他鄙薄科舉文體的關係。當時禮部試策，吏部試判，都用駢文；而主司所考校講求的，往往在於文字藻繪之間，<u>韓愈</u>認為必然會埋沒人才。④ 況且<u>韓愈</u>有親身的經歷，身受其苦，多次試於吏部而不獲，因此他反覆叮嚀，勸別人勿致力於駢文的寫作。<u>李賀</u>既然仰慕他，自然在詩歌創作上亦大力追隨，正如<u>姚文燮</u>《昌谷集注・凡例四則》中說：「夫以起衰八代之<u>昌黎</u>與<u>皇甫</u>諸公，儼然先輩，乃獨降心於<u>隴西</u>一孺子者，則可知<u>昌谷</u>起衰之功不在<u>昌黎</u>下已。」⑤

　　<u>李賀</u>十分反對形式的束縛，他對於缺乏感情而顯得僵硬的駢偶文，自然表示極大的反感。他在《贈陳商》一詩中自我表白得很清楚：「學文為<u>堯</u>、<u>舜</u>，時人責衰偶。」指出當時士子要求的是衰靡排偶的駢體文，而他卻偏偏愛學像《尚書》中的《堯典》、《舜典》那樣的古樸散文。因此在他的集子裏甚至連當時最盛行的七律一首也找不

到,在其他詩作中,亦少有用對仗,最多用的都是長短不齊的句子,用比較自由的韻律來表現複雜的思想感情,以及大膽飛躍的奇異想像。在李商隱《李長吉小傳》中謂李賀平時出外與朋友故舊交游作詩,都「未嘗得題然後為詩」,並不像他人「思量牽合以及程限為意」⑥,這正顯示出他在性格上不受拘束,而富創造性,作詩自然喜歡隨意之所之,他好寫古詩,反對駢偶,相信與此亦有關係。

第三節　疊字疊詞

藝術本來是講求創新,講求變化的,單調、重複似乎不是一種寫作藝術,但好的重疊、精妙的重疊,卻成了一種藝術。李賀在詩歌中能巧妙地運用重疊的手法,反而使作品形象生動,意境開闊,情趣盎然。

李賀喜用疊字和低沉的音調,來加強那陰森可怕的氣氛。如《公無出門》一詩,起首六句:

　　天迷迷,地密密,
　　熊虺食人魂,雪霜斷人骨。

　　　喉犬唔唔相索索，舐掌偏宜佩蘭客。⑦

不但描繪出一幅天昏地暗，霜雪紛飛，毒蛇吸人魂，獷犬
咬好人的景象，而且運用「迷迷」、「密密」、「唔
唔」、「索索」這樣的疊字，以加強藝術感染力。

　　<u>李賀</u>詩好用疊字，請看應試用的《河南府試十二月樂
詞》，在十三首古詩中只有《四月》、《五月》、《十
月》及《閏月》等四個月的詩句沒有用疊字。
《正月》詩：「薄薄淡靄弄野姿」以「薄薄」形容雲靄。
《二月》詩：「勞勞胡燕怨酣春」以「勞勞」形容辛勞地
飛來飛出的胡燕。
《三月》詩：「搖搖錦旗夾城暖」以「搖搖」形容錦旗的
搖動。
《六月》詩：「炎炎紅鏡東方開」以「炎炎」形容赤日的
光芒。又「啾啾<u>赤帝</u>騎龍來」以「啾啾」形容龍鳴聲。
《七月》詩：「拂拂曉風何」以「拂拂」形容晨風之吹拂。
《八月》詩：「悠悠飛露姿」以「悠悠」形容閒靜的露水。
《九月》詩：「月綴金鋪光脈脈」以「脈脈」形容冷清的
月光。又「露花飛飛風草草」以「飛飛」形容露花飛墜；

「草草」形容涼風蕭颯。全詩共用了三組疊字。

《十一月》詩：「白天碎碎墮瓊芳」以「碎碎」形容細碎
的雪花。

《十二月》詩：「日腳淡光紅灑灑」以「灑灑」形容寒
慄。⑧

　　細看這些詩所用的疊字，以形容物形或摹擬物聲為
主，為能達到以聲摹境的境界。仔細揣摩，亦不難用其他
的詞彙替代，但李賀偏愛使用不少一般人罕用的疊字，可
見他是刻意為之。有些詩更變化運用疊字，如「西山日沒
東山昏」、「桂葉刷風桂葉子」（《神弦曲》）⑨、「天
濃地濃柳梳掃」（《新夏歌》）⑩；有些詩在對句中使用
疊字，如「曉聲隆隆催轉日，暮聲隆隆催月出」（《官街
鼓》）⑪、「人閒春蕩蕩，帳暖香揚揚」（《感諷六首‧
其一》）⑫　在疊詞方面，如「飛光飛光，勸爾一杯酒」
（《苦晝短》）⑬、「采玉采玉須水碧」（《老夫采玉
歌》）⑭、「朝朝暮暮愁海翻」（《梁臺古意》）⑮，
都用得十分暢達自然。

第四節　合樂歌詠

　　唐人之詩可合樂歌唱者甚多，樂府和絕句本來就是可以唱的歌詞，因此李賀之詩可以歌唱，其實並不稀奇。只是以他在世的短促歲月，竟然在音樂方面已有精湛的修養，甚至有人以爲可與李益相匹，這就難能可貴了。李賀懂得彈琴，在《感春》詩云：「胡琴今日恨，急語向檀槽。」⑯ 表示在他苦悶之時，以彈琴來排愁遣悶，這是一般懂音樂的人的表現。甚至可以說他精於音律，所作樂府詩，教坊裏的樂工都給配上曲譜，由歌女唱出來，可見其詩在當時已流入宮禁。

　　至於他在《申胡子觱篥歌序》中所云：

　　　　歌成，左右人合謀相唱。
　　　　朔客大喜，擎觴起立，
　　　　命花娘出幕，徘徊拜客。
　　　　吾問所宜，稱善乎弄，
　　　　於是弊辭配聲，與予爲壽。⑰

歌成，當指《申胡子觱篥歌序》這首歌詩完成之後，既可拿來給人相唱，甚至得朔客的稱讚而爲之將歌配以音樂。

又《花遊曲並序》：

> 寒食諸王妓遊。賀入座，因採梁簡文詩調賦
> 《花遊曲》，與妓彈唱。⑱

從李賀寫詩時的自序語看來，足以證明他以樂府得名，所寫的詩，不少都是可被管絃，不單可以唱，而且音樂性強，能夠配曲入樂是毫無疑問的。

因爲他對音樂的造詣精深，才能給予音樂家適當的歌頌，如在《李憑箜篌引》中讚揚李憑的演奏技術：

> 吳絲蜀桐張高秋，空山凝雲頹不流。
> 江娥啼竹素女愁，李憑中國彈箜篌。
> 崑山玉碎鳳凰叫，芙蓉泣露香蘭笑。
> 十二門前融冷光，二十三絲動紫皇。
> 女媧煉石補天處，石破天驚逗秋雨。
> 夢入神山教神嫗，老魚跳波瘦蛟舞。
> 吳質不眠倚桂樹，露腳斜飛濕寒兔。⑲

他不但可以用生動、準確、形象的語言來表達音響的高低強弱。在形容李憑彈箜篌的技術精妙時竟使天上的白雲也聽得呆住，水也為之不流，連水神、霜神都被感動了。他還這樣描述箜篌的聲音：清脆如崑山玉碎，嘹亮如鳳鳴九天，淒切如荷花泣露，喜悅如香蘭含笑。這聲音竟使魚跳蛟舞，傳到上天連住在月宮裏的吳剛也感動得不能成眠。天穹也被這聲音震破，女媧補天的碎石竟至化作秋雨。整首詩曲盡摹繪之能事。若非對音樂有相當高的修養，是不能作出如此出神入化的描寫。只是就評論音樂之詩而言，李賀的想像之筆，多於描繪之筆，加以選詞詭譎，使人有感其千奇百怪，色彩迷離，而忘卻其在音樂上的造詣了。

寫音樂的還有《聽穎師彈琴歌》、《申胡子觱篥歌》都可顯示李賀欣賞分析音樂的能力。趙璘《因話錄》說：「張司業籍善歌行，李賀能為新樂府。當時言歌篇者，宗此二人。」⑳ 《舊唐書》：「其樂府數十篇，至於雲韶樂工，無不諷誦。」㉑《新唐書》亦有類似的記載。又《談薈》：「李賀樂府數十首，流播管弦。李益與賀齊名。每一篇出，樂人輒以重賂購之，樂府稱為二李。」㉒ 雖然有

人以爲李益、李賀不可以相比，今以《全唐詩》卷十至卷二十九中李賀之詩列入樂府歌辭之屬者，不下五十餘篇，或曰「歌」、或曰「曲」、「引」、「弦」、「行」、「謠」、「弄」、「樂」、都是可供歌詠的樂府詩題，較之李益更多。《詩辯觝》甚至說：「大曆以後，解樂府遺法者，惟李賀一人。」㉓這並不是溢美之辭。

第五節　詩承《騷》體

李賀的詩體，可以說上起《離騷》，下承齊梁。他受《楚辭》的影響很深，除了杜牧說他「蓋《騷》之苗裔」、「奴僕命《騷》」㉔之外，自己也曾說過「斫取青光寫《楚辭》」（《昌谷北園新筍》）㉕，「長安有男兒，二十心已朽。《楞伽》堆案前，《楚辭》繫肘後」（《贈陳商》）㉖，「坐泛楚奏吟《招魂》」（《南園》）㉗的話。說出李賀時刻都把屈原的作品帶在身邊以作學習的對象。詩集中明顯模仿《楚辭》痕跡就更多了。

李賀學習《楚辭》甚勤，因而受《楚辭》的影響甚深。《公無出門》㉘是一首受《楚辭》影響甚深而寫下的

想像豐富的作品。詩中勸人無去險地，雖然已跨馬離家，尚在善地，苟去險地，等待著他的將是食人成性的惡獸，「毒虺相視振金環，狻猊齧貐吐饞涎。」這些惡獸，清代王琦注「疑指當時藩鎮郡守而言。」唐代藩鎮，暴戾恣睢，李賀作詩勸阻之。詩中所敘氣氛，「天迷迷，地密密」，與《楚辭·招魂》所敘的東南西北上下；都不能去的景象，頗相類似，詩中個別句子，亦以《楚辭》爲本，如「熊虺食人魂，雪霜斷人骨」，類似《楚辭·招魂》：「雄虺九首，往來儵忽，吞人以益其心些。」㉙ 詩中「嗾犬狺狺相索索，舐掌偏宜佩蘭客」，上句類似《楚辭·九辯》：「猛犬唁唁形容而迎吠」，下句類似《楚辭·離騷》：「紉秋蘭以爲佩」。詩中「分明猶懼信不公，公看呵壁書問天」，事載王逸《楚辭·章句》：「《天問》者，屈原之所作也。屈原放逐，彷徨山澤，見楚有先王之廟及公卿祠堂，圖畫天地山川神靈，琦瑰僑佹，及古賢聖怪物行事，因書其壁，呵而問之，以渫憤懣。」㉚

《漢唐姬飲酒歌》：「強梟噬母心，奔厲索人魂。」頗受《招魂》：「長人九仞，唯魂是索。」之影響㉛ 《神弦》、《神弦曲》、《神弦別曲》，均寫古秦地一帶女巫

祀神事，與《楚辭，九歌》寫楚國尙巫，可說是一致的。
《帝子歌》，王琦注謂此詩「旨趣全放《楚辭‧九歌》，
會其意者，絕無怪處可覓。」㉜　至於《湘妃》，則謂其
「措辭用意，咸本《楚騷》。」又《蘭香神女廟》：「看
雨逢瑤姬，乘船值江君。」㉝　「江君」便是湘君，以其爲
湘江之神，故又稱之爲江君。詩意本之於《楚辭‧湘
君》：「美要眇兮宜修，沛吾乘兮桂舟。令沅　湘　兮無
波，使江水兮安流。」㉞　《楚辭》的一些特點，如辭彩奇
麗，想像豐富，浪漫主義手法突出，引用大量神話傳說、
歷史人物、山川風雲以寓意抒情等等，都爲李賀所繼承，
於是形成他獨特的詩風。

　　【註　　釋】

① 見王琦等《李賀詩歌集注》，上海　上海人民出版社，
　　一九七七年十二月，頁214。

② 同註①，頁187。

③ 同註①，頁217。

④ 見韓愈《答崔立之書》、《上宰相書》。兩篇文章分別
　　見於《韓昌黎文集校注》（上海古籍出版社）頁153及

頁165。當中提出了一套培育人材的方針與策略，也抒發出他對考試和有司的看法。

⑤ 同註①，頁386。

⑥ 同註①，頁7，卷首引《小傳》。

⑦ 同註①，頁280。

⑧ 同註①，頁60。

⑨ 同註①，頁282。

⑩ 同註①，頁321。

⑪ 同註①，頁317。

⑫ 同註①，頁336。

⑬ 同註①，頁221。

⑭ 同註①，頁113。

⑮ 同註①，頁278。

⑯ 同註①，頁199。

⑰ 同註①，頁111。

⑱ 同註①，頁204。

⑲ 同註①，頁31。

⑳ 同註①，頁15，首卷引《因話錄》。

㉑ 同註①，頁12，首卷引《舊唐書·李賀傳》。

㉒ 同註①，頁12，首卷引《新唐書·李賀傳》。

㉓ 同註①，頁19。

㉔ 同註①，頁4，首卷。

㉕ 同註①，頁140。

㉖ 同註①，頁191。

㉗ 同註①，頁331。

㉘ 同註①，頁280。

㉙ 見朱熹《楚辭集注》，上海 上海古籍出版社，一九八
一年五月版，頁135。

㉚ 同註㉙，頁49。

㉛ 同註①，頁356。

㉜ 同註①，頁76。

㉝ 同註①，頁293。

㉞ 同註㉙，頁32。

第六章　李賀詩的風格

第一節　用語奇崛

　　李賀作詩，遣用詞句，極力避免陳詞濫調，故往往追求峭奇，務使語言清新。這是他接受了韓愈「務去陳言」的影響。明 李維貞《昌谷詩解序》：

　　　　長吉名由韓昌黎起，司空表聖評昌黎詩：
　　　「驅駕氣勢，若掀雷挾電，撐決天地之垠。」而
　　　長吉務去陳言，頗似之，譬之草木臭味也。由其
　　　極思苦吟，別無他嗜，阿㜷所謂「嘔心乃已」！
　　　是以只字片語，必新必奇。若古人所未經道，而
　　　實皆有據案，有原委，古意郁浡其間。①

　　李賀詠寒，不寫「寒」字，而說「百石強車上河水」。（《北中寒》）胡震亨《唐音癸籤》稱讚說：「換冰字作水，寒意自躍，此用字之最有意者。」② 詩中描繪寒意，還選用了山中瀑布遇寒而凍，「山瀑無聲玉虹懸」，而「玉虹」就成為冰的另一個借代稱謂，真是新奇

可喜。

　　李賀詠月，「蟾蜍碾玉掛明弓」（《春懷引》），用掛在天上的「明弓」來形容一彎新月，十分新穎。在《江南弄》③ 中，寫到「吳歈越吟未終曲」的時候，緊接著描繪新月的初出，倒影寒江，「江上團團貼寒玉」，比喻妥貼，用語新奇，具見其狀月的獨造之功。

　　此外，李賀《馬詩二十三首之十二》：「批竹初攢耳，桃花未上身。他時須攪陣，牽去借將軍。」④ 一個常用的「借」字，卻在此處寫盡了馬主人的矛盾心理。惟恐埋沒桃花馬的千里之能，應用得恰到好處，讓將軍騎上去衝鋒陷陣，但又愛馬心切，而不肯丟卻所有權。這個「借」字，顯得十分新奇。這組馬詩，詠物、言志，皆有特色，「不從桓公獵，何能伏虎威？一朝溝隴出，看取拂雲飛。」（《其十五》）⑤ 桓公乘駿馬而伏虎不行。名馬一旦得志，速奔前程，快如「拂雲飛」。此與第十六首內所提及的唐太宗騎上名馬拳毛騧，「且去捉飄風」，同樣是創造新詞，詠物言志。

另如「天河夜轉漂迴星，銀浦流雲學水聲」（《天上謠》）⑥ ，從語言上看，比起唐代宗時盧綸《七夕詩》「河漢凝不流」，要新奇得多，這和詩人豐富的想像力分不開。由於天河無水，以雲爲水，只能使流雲學水聲。這種新奇言語，眞是絕妙。此外，他極力避免平淡，追求峭奇。有人認爲他喜用鬼字、泣字、死字、血字⑦ ，其實並不止於此。他爲求奇，就極力在事物的色彩上和情態上用力。寫綠，有「寒綠」、「頹綠」、「絲綠」、「凝綠」、「靜綠」。寫紅，有「笑紅」、「冷紅」、「愁紅」、「老紅」。寫鬼燈曰「漆」，寫鬼火曰「碧」。風有「酸風」，雨有「香雨」，龍鳳的玉脂會「泣」，而天若有情也會「老」去。這些不同尋常的詞藻，都給人以新奇的感覺。

李賀非常注意語言的創造性，遣詞造句，力避陳言，語羞雷同。如在《河南府試十二月樂詞》⑧ 中，二月不言折柳，而用「飲酒採桑津」以表示風日漸暖。三月不涉桃李，以「梨花落盡」傷春已過。五月不提「蒲艾」，七月不寫「牽牛織女」，八月不述「中秋」，九月不詠「重九」、「登高」，這都是他著意與眾不同，推陳出新的創

作成果。

　　有關李賀在詩歌上用語奇特，構思新穎，是由於飽讀詩書，思路開拓，加以苦吟成習，勇於創新，善於修辭，因而出現了大量奇特的名句，廣爲後世所傳誦。如「筆補造化」、「石破天驚」、「天荒地老」、「飛香走紅」、「酒酣喝月使倒行」、「天若有情天亦老」、「衣如飛鶉馬如狗」，都是十分精彩的奇句，爲世所稱道。清人馬位在《秋窗隨筆》中並舉「雄雞一聲天下白」(《致酒行》)及「吟詩一夜東方白」(《酒罷，張大徹索贈詩，時張初效潞幕》)爲「奇句」。

第二節　想像豐富

　　李賀想像力豐富而奇妙，構思精巧，一個十分平常的題材，到了他的筆下，都會變成色彩瑰麗，所謂化平庸爲神奇，經過大膽而奇特的想像，幻化成瑰麗奇特的詩句，甚富浪漫主義的色彩。在詩人筆下，「厭見桃花笑，銅駝夜來哭。」(《銅駝悲》)，桃花和銅駝都具有人的感情。「南浦芙蓉影，愁紅獨自垂。」(《黃頭郎》)，婦

送郎遠行，荷花也帶上了惜別的情緒。「空將<u>漢月</u>出宮門，憶君清淚如鉛水。」（《金銅仙人辭漢歌》），銅人不僅有感情，而且會落淚，淚水就如同熔化了的鉛水那麼沈重。「飛光，飛光，勸爾一杯酒。」（《苦晝短》），詩人不僅和日月說話，而且可以邀日月共飲。這些，都是由於他想像力的超凡而突破現實之境，從而使作品的意象特別新美。

　　茲再舉《夢天》一詩為例：

> 老兔寒蟾泣天色，雲樓半開壁斜白。
> 玉輪軋露溼團光，鸞珮相逢桂香陌。
> 黃塵清水三山下，更變千年如走馬。
> 遙望齊州九點煙，一泓海水杯中瀉。⑨

這是一首異想天開的遊仙詩。前四句寫的是詩人夢遊傳說中的月宮，從天上俯視下來，在桂花樹旁遇見了<u>嫦娥</u>以後，目光轉向地球，尋覓中國，想像出一瞬之間的廣大空間，九州雖然遼闊，四海雖然廣大，而自天上視之，不過是「點煙」、「杯水」罷了，夢中之遊，可見那豪氣干雲

的豐富想像力。然而，<u>李賀</u>的想像力，在一千年以後的今天，竟可以見到有事實的根據，從太空中遙望地球，眞不外乎是這樣的景況。

　　五、六句中說：「黃塵清水三山下，更變千年如走馬。」「三山」指傳說中<u>渤海</u>上<u>蓬萊</u>、<u>方丈</u>、<u>瀛州</u>三神山。作者想像出千年之間，幾經變幻，黃塵清水，滄海桑田。這類幻想豐富的詩在《天上謠》亦有反映：「東指<u>羲和</u>能走馬，海塵新生石山下。」時光流逝疾速，千百年過去，滄海中出現小島，今日並不罕見。

第三節　因情造景

　　<u>李賀</u>的藝術構思，有其獨特的一面。這是因爲他的詩歌較難讀得懂，讀懂後又深感意味無窮的一個關鍵處。他的奇特構思，一是表現在奇思妙想方面，可以《李憑箜篌引》爲例：詩中用了「空山凝雲」、「<u>江娥</u>啼竹」、「<u>昆山</u>玉碎」、「芙蓉泣露」、「<u>女媧</u>補天」、「石破天驚」、「夢敎神嫗」、「瘦蛟起舞」、「<u>吳質</u>不眠」、「露濕寒兔」等畫面，可謂光怪陸離，目不暇接。但它們

都是「因情造景」，是爲渲染李憑高超的箜篌彈奏技巧而
塑造出來的意境。另一是表現在跳躍方面，如《長歌續短
歌》：

> 長歌破衣襟，短歌斷白髮。
>
> 秦王不可見，旦夕成内熱。
>
> 渴飲壺中酒，饑拔隴頭粟。
>
> 淒涼四月闌，千里一時綠。
>
> 夜峰何離離，明月落石底。
>
> 徘徊沿石尋，照出高峰外。
>
> 不得與之遊，歌成鬢先改。⑩

這是寫詩人內心鬱結之情，分三層來寫：一寫英主不可
見，一寫青春不可駐，一寫明月不可尋。這三組的意象跳
躍度很大，而通過這類迷離恍惚的跳躍，恰好表現詩人懷
才不遇的痛苦、煩悶、憤慨難平的心情。前用秦王，後用
明月來比擬，是不願明顯地道出心中的憂愁苦悶，清 姚文
燮云：「秦王指憲宗言，聘雄武，好神仙，大率相類。」
借秦王以喻憲宗，謂自己不能致身通顯，謁天子，以致積
日企盼，內心熾熱。欲明志而借古人作爲抒發的對象，此

種表達法在<u>李賀</u>詩中實在是屢見不鮮。如《苦畫短》借<u>漢武帝</u>、<u>秦始皇</u>以諷喻當代仍追求長生不老之藥的帝王，實在可笑。《日出行》借<u>后羿</u>之彎弓射日，以慨嘆歲月流逝，久無成就之意。

第四節　詞采瑰麗

<u>李賀</u>刻意追求詩歌語言的瑰麗奇峭。<u>明</u> <u>何孟春</u>《餘冬序錄》云：「<u>李長吉</u>詩，作不經人道語。」⑪ <u>李維貞</u>《昌谷詩解序》亦云：「隻字片語，必新必奇。」⑫ 他是詩歌語言的創造者，他要用獨創的語匯表現獨創的意象，他更特別重視色彩意象的表現，常常用色彩意象來借代或比喻事物，直指本體，如「碧華」代暮雲，「長翠」代水，「玉龍」代劍，「紫雲」喻紫硯等。善於運用通感，把特定的環境氣氛和主觀情感注入客觀景物的色彩特徵之中，熔注詞語意象，更是他常用的修辭手法。如「寒綠幽風生短絲」（《河南府試十二月樂詞》）、「九山靜綠淚花紅」（《湘妃》）、「頹綠愁墮地」（《蘭香神女廟》）、「秋風吹小綠」（《房中思》）等，在不同的情境、氣氛中，同一色彩「綠」被賦予不同的情感和內涵，

獲得了極大的表力。這種設色穠麗，如「百家錦衲，五色眩曜，光奪眼目，使人不敢熟視」（趙宧光《彈雅》引陸游語）的特點，是詩人的獨特審美要求，也透露了中唐詩風轉向綺麗的訊息。這些豐富的詞語意象，被李賀通過暗示象徵等手法納入整體構思之中，形成藝術傑作。如《雁門太守行》：

> 黑雲壓城城欲摧，甲光向日金鱗開。
> 角聲滿天秋色里，塞上燕脂凝夜紫。
> 半捲紅旗臨易水，霜重鼓寒聲不起。
> 報君黃金臺上意，提攜玉龍爲君死。⑬

壓城的黑雲和向日的甲光顯示出敵我對陣的嚴峻形勢，滿天秋色與紫色塞土使人聯想到慘酷的犧牲。「霜重鼓寒」中的「半捲紅旗」暗示出擊失利，「提攜玉龍」表現決死的意志。這既是一次戰爭場面的描述，更是一種悲壯獻身精神的崇高頌歌。除了修辭外，他還廣泛運用通感、借代、借喻等煉字煉句手法而產生瑰麗的語言效果。

李賀詩中色彩豐富至極，如草一般是綠色的，但他則

使用了「細綠」、「頹綠」、「寒綠」、「濃綠」、「靜綠」，花一般以紅色來形容，但紅色到他筆下便有「團紅」、「淡紅」、「鮮紅」、「老紅」、「衰紅」、「冷紅」、「幽紅」、「愁紅」、「凝紅」、「走紅」、「墜紅」之分。即使同是一種顏色，也能翻出多種不同的變化。以聲、色、情、態，給人以實感，亦加強了語言的準確性，修詞設色，務在凝煉，色彩斑斕。此外，他的詩用「借代詞」甚爲出色，語言富於變化，如劍曰「玉龍」，酒曰「琥珀」，竹曰「新翠」，水曰「鴨頭」，天曰「圓倉」、「青廓」，月曰「明弓」、「玉弓」、「玉輪」，繁星曰「銀沙」，都能令所作之詩色彩鮮明，文辭瑰麗。所以他的詩可謂辭藻瑰麗多彩，如百家錦衲，五色眩曜，光艷奪目，美不勝收。

第五節　諷喻隱晦

　　李賀作詩，諷喻隱晦是一個特點。一般人只以爲他的詩只是神鬼怪謬不可知。事實上，他的詩更多是以晦澀的諷喻手法來表達他的思想感情。於是晦澀難懂可以說成爲李賀詩的一個缺點了。憲宗 元和之時，國勢衰頹，皇裔李

賀忠於唐室，但官卑言輕，不敢言，又不能無言。故其作詩，既要諷刺時弊，切中當世之隱，若不用暗喻的手法，以至隱晦的技巧來針砭時弊，必會招來禍患。因此，他寫了許多諷喻求仙無益的詩，全是隱晦諷喻而不直接指出眞意的。若未經細密分析，確實不易了解。

例如《崑崙使者》：

> 崑崙使者無消息，茂陵煙樹生愁色。
>
> 金盤玉露自淋漓，元氣茫茫收不得。
>
> 麒麟背上石文裂，虯龍鱗下紅肢折。
>
> 何處偏傷萬國心，中天夜久高明月。⑭

說漢武帝作柏梁銅柱承仙人掌之屬，仙人以手掌擎盤承甘露，以爲服天地元氣始可長生。終究是「崑崙使者無消息，茂陵煙樹生愁色。」表面好像是表現詩人對神仙的否定，對生死的認識。實際上是諷喻唐憲宗篤好神仙，喜長生之術，最終因服食金丹，經常躁怒，結果暴崩於中和殿的事件。

又如《金銅仙人辭漢歌》：

> 茂陵 劉郎秋風客，夜聞馬嘶曉無跡；
> 畫欄桂樹懸秋香，三十六宮土花碧。
> 魏官牽車指千里，東關酸風射眸子；
> 空將漢月出宮門，憶君清淚如鉛水。
> 衰蘭送客咸陽道，天若有情天亦老；
> 攜盤獨出月荒涼，渭城已遠波聲小。⑮

在此詩的原序中，指明金盤仙人就是「漢孝武捧露盤仙
人」，漢武帝並未飲露盤成仙，而是早已進入茂陵，「茂
陵 劉郎秋風客，夜聞馬嘶曉無跡。」至於《苦晝短》和
《官街鼓》提及漢武帝與秦始皇二人，《馬詩二十三首之
二十三》中「武帝愛神仙，燒金得紫煙。廄中皆肉馬，不
解上青天。」⑯ 明諷漢武帝，隱刺與漢武帝同類之人（指
唐憲宗）。

　　唐代類似好求神仙的漢武帝、秦始皇的人是誰？只有
唐憲宗。憲宗曾向宰臣李藩問及神仙之事，李藩加以勸
阻，但並未成功。後來，憲宗派方士柳泌做台州刺史，爲

憲宗去天台山採仙藥，聽不進別人的勸告。李賀不得不用無奈而隱晦的詩歌以諷喻唐憲宗，即如《仙人》詩中謂：「當時漢武帝，書報桃花春。」⑰　便是這個意思。

　　李賀諷喻唐憲宗求仙無益的詩很多，雖然隱晦，但經過比較分析，還是能夠弄清眞意的。

【註　釋】

① 見王琦等《李賀詩歌集注》，上海　上海人民出版社，頁23。

② 見胡震亨《唐音癸籤》上海　上海古籍出版社，卷四，頁28。

③ 同註①，頁256。

④ 同註①，頁104。

⑤ 同註①，頁105。

⑥ 同註①，頁70。

⑦ 見王思任《昌谷詩解序》及胡震亨《唐音癸籤》卷七，頁67。

⑧　同註①，頁60。

⑨　同註①，頁57。

⑩　同註①，頁137。

⑪　同註①，頁22。

⑫　同註①。

⑬　同註①，頁52。

⑭　同註①，頁355。

⑮　同註①，頁94。

⑯　同註①，頁110。

⑰　同註①，頁201。

第七章　李賀詩的評價

第一節　李賀詩的優點

一、用字造句，一絲不苟。

李賀寫詩極快，傾刻成篇①，既能「研墨疊紙足成之」②，但在用字造句上，則絕不輕易苟且，所以字字有力，句句老練。他在苦心錘煉詞句、務要精益求精方面，在唐代詩人中，也是很典型的。本書第二章曾引述《新唐書》中的記載：謂李賀常出遊作詩，回家後，其母往往「使婢探囊中，見所書多，即怒曰：『是兒要嘔出心乃已耳。』」③ 由其母看到行囊中詩句多的怨言看來，他必然是花了不少心力，而且每首詩都絕不會苟且。以他的性格，一方面要辭必己出，故在遣詞用字上，極力不作直露淺易之語，而務求僻奧、艱深，或者在平順的句子中點綴一二奇字，甚至嘔心瀝血而後出。除在色彩運用上要求「冷」、「豔」，在用事上亦力求有豐富的內涵，如《春坊正字劍子歌》中的詩句：「直是荊軻一片心」④ ，通過

《史記‧刺客列傳》中的<u>荊軻</u>，詩人由劍鋒上清冷的寒光就聯想到「風蕭蕭兮<u>易水寒</u>」的意境；另一方面，詩人由寶劍的剛直不屈，聯想到<u>戰國</u>英雄<u>荊軻</u>那顆一死以報知己的丹心和那股豪俠氣概。

　　據<u>李賀</u>《五粒小松歌》幷序說：

　　　前<u>謝秀才</u>、<u>杜雲卿</u>命予作《五粒小松歌》，

　予以選書多事，不治曲辭，經十日，聊道八句，

　以當命意。

　　　蛇子蛇孫鱗蜿蜿，新香幾粒洪崖飯。

　　綠波浸葉滿濃光，細束龍髯鉸刀剪。

　　主人壁上鋪州圖，主人堂前多俗儒。

　　月明白露秋淚滴，石筍溪雲肯寄書。⑤

這是一首七言古詩，只有八句，但卻要經過十天的時間才能完稿，原因是「選書多事，不治曲辭」，相信這只不過是個借口，事實上是經過相當推敲用心，尤其是應朋友之邀而作，更不能率意爲之。試看這八句詩歌，全詩並無一

句用事,卻是字字珠璣。開頭兩句「蛇子蛇孫鱗蜿蜿,新香幾粒紅崖飯」,起句便用了兩組相同的疊字——「蜿蜿」及另一組遭拆開的疊字「蛇子蛇孫」,把「蛇」字分別安插在第一第三字,語句更是靈活、警策。⑥ 詩中把盤根錯節、枝幹屈曲的松樹,比作蛇子蛇孫纏繞在上面,把那如米粒的松花之蕊,比作仙人紅崖的飯食。詩人詠松,多以蛟龍爲喻,而李賀則以蛇爲比,可見其用字都要與眾不同,眞是鏤肺雕肝,思出常人。

因此,《新唐書》本傳在總結李賀的詩歌特色時說:「辭尙奇詭,所得皆警邁,絕去翰墨畦徑,當時無能效者。」⑦ 則其詩所以能「警邁」,就是用字造句不苟且的表現。

二、大都從實際生活中得到體驗。

雖然李賀在世的日子不長,因而有以爲「他富有感情而缺乏深刻的思想,強調印象而缺乏深厚的生活體驗。」⑧這對他來說,作爲其詩作的缺點,似不全然公允。在李商隱《李長吉小傳》中有一段追述李賀的作詩生活片段:

> 每旦日出與諸公游，未嘗得題然後爲詩，如
> 他人思量牽合以及程限爲意。恆從小奚奴，騎距
> 驢，背一古破錦囊，遇有所得，即書投囊中。⑨

由此可見李賀作詩，純是眞情的流露，直觀的書寫，每有所感，即發而爲詩，絕不是一般先立題而後爲詩，更不是「爲賦新詞強說愁」。李賀生長在中唐，而創作活動又主要集中在憲宗一朝。這時，唐室的鼎盛時期早已結束，繼之而起的是藩鎮割據，宦官擅政，君主迷信方士，官吏貪污腐敗。而一批有志之士直言極諫，奮起改革，以王叔文爲首的政治改革勢力應運而起。詩人在這個充滿危機而又帶有希望的時代成長，有熱情、有抱負，更有政治家的敏銳觸覺和勇氣，對民生的疾苦，君主官吏的無能，宦官藩鎮的驕橫，在詩中都予以無情的揭露。

三、在藝術的技巧上達到最高境界。

李賀弱齡早慧，才華橫溢，可惜天不假年，以疾而終。在李商隱《李長吉小傳》中有以下的一段記載：

> 長吉將死時，忽晝見一緋衣人，駕赤虯，持
> 一板書若太古篆或霹靂石文者云：「當召長
> 吉。」長吉了不能讀，忽下榻叩頭，言阿𡡓老且
> 病，賀不願去。緋衣人笑曰：「帝成白玉樓，立
> 召君為記，天上差樂不苦也。」長吉獨泣，邊人
> 盡見之。少之，長吉氣絕。⑩

這個故事雖說是李賀那嫁與王氏的姊姊所親聞目睹的，說實在，世上斷不會有這樣神怪的事情發生，這只反映出當時人們對他的關心和崇敬。凡是人間罕見，天上難求的奇才，往往在逝世時都會有一段神話似的傳說。他的殤逝，怎能不使人感到深切的痛惜呢！這種迷信色彩濃厚的故事便迎合人們的心理而廣為流傳了。

從上述第五章中可見李賀讀書甚勤，博學多才，其詩吸收了前人的寫作技巧，卻又不落俗套，亦不受前人之拘圍。既可看到他受到屈原、李白那浪漫主義精神的啟發，辭彩鮮明，構思奇特；又受到韓愈「唯陳言之務去」思想的影響，詩歌的形象、意境、語言等方面，都不屑蹈襲前人。雖然他的詩或缺乏完整的形象，或用典故太僻、有時

不免晦澀難懂，但他創造了奇異、瑰麗、奔放、幽深的浪漫主義風格，不愧為<u>唐代</u>繼<u>李白</u>後一個最富浪漫主義色彩的詩人。因此，<u>李維楨</u>在《昌谷詩解序》中作出這樣的讚美：

> 世目<u>李長吉</u>為鬼才。夫<u>陶通明</u>博極群書，恥一事之不知，曰「與為頑仙，寧為才鬼。」然則鬼才豈易言哉！…………由其極思苦吟，別無他嗜，阿㜷所謂「嘔心乃已。」是以隻字片語，必新必奇，若古人所未經道，而實皆有據案，有原委，古意郁淳其間。其庀蓄富，其裁鑒當，其結撰密，其鍛煉工，其豐神超，其骨力健，典實不浮，整蔚有序。雖詰屈幽奧，意緒可尋，要以自成<u>長吉</u>一家言而已。⑪

序中所言，無論本質上的才華、學識之豐贍；作詩態度、遣詞用字皆極為嚴謹；思想條理，抒發骨力，都能井然有序。這樣高度的讚美，因而說<u>李賀</u>在藝術的技巧上達到最高境界，並無過當。

第二節 李賀詩的缺點

一、能使人吟誦，但不能發生強烈感情。

　　李賀的詩，周閬鳳在《詩人李賀》中認為是「缺乏熱烈的感情，奔放的豪氣，所以人吟讀時，不能發生強烈的感應，產生出多量的同情。」⑫ 周氏把李賀詩不能使人共鳴歸咎於他「缺乏熱烈的感情，奔放的豪氣」，這是很不公平的。鄙意以為其詩富有熱烈的感情，他熱愛國家、熱愛貧苦的大眾，更熱愛自己的家園；他有奔放的豪氣，且看《浩歌》、《雁門太守行》、《天上謠》、《瑤華樂》、《詠懷》等詩，都能表現青年人的豪氣。若說他的詩能使人吟誦，但不能發生強烈感情，是由於他的一生懷才不遇，又備受生活貧困、疾病及周遭嫉妒其才華者之排斥，鬱鬱不得志，於是所寫的詩歌往往帶著強烈的苦澀鬱悶，這並不是一般人可以感受得到的。再加上他所選用的文字晦澀、用典僻冷、喻意深遠，實非一般才疏學淺者所能明白，當然不可能像白居易那「老嫗能解」之反映社會寫實詩，容易引起社會的共鳴。

二、因造語冷艷詭怪，難使人領悟。

　　李賀的詩歌大都可以用一「豔」字來概括，而因著這個字便可與韓、孟的詩歌風格迥然不同。這種詩在中唐時代是別樹一幟的，但這種不是香豔，而是「幽豔」、「古豔」、「奇豔」、「冷豔」。

　　李賀詩中色彩斑斕，卻給人以幽冷淒清的感覺。例如《蘇小小墓》：

　　　　幽蘭露，如啼眼。

　　　　無物結同心，煙花不堪剪。

　　　　草如茵，松如蓋。

　　　　風為裳，水為珮。

　　　　油壁車，夕相待。

　　　　冷翠燭，勞光彩。

　　　　西陵下，風吹雨。⑬

詩中「草如茵，松如蓋」等句則又綠意盎然。雖然是「冷翠燭，勞光彩」，卻又只不過是冷冷的鬼火發出陰森的綠

光，一陣陣的淒風吹拂著颯颯的冷雨，竟是一片幽冷寒
峭。又如《巫山高》：

> 碧叢叢，高插天，大江翻瀾神曳煙。
>
> 楚魂尋夢風颸然，曉風飛雨生苔錢。
>
> 瑤姬一去一千年，丁香筇竹啼老猿。
>
> 古祠近月蟾桂寒，椒花墜紅溼雲間。⑭

這首詩一開頭便先聲奪人：「碧叢叢，高插天，大江翻瀾
神曳煙。」全詩染上淒清的綠色，加上滿山苔蘚，竹樹叢
中，只聞猿啼，而且更「古祠近月蟾桂寒」。然而在一片
幽綠冷清之中，詩人卻又點上一筆：「椒花墜紅濕雲
間。」則又是清冷中透著豔麗，這就是前人所謂的幽深冷
豔。又如《梁臺古意》：

> 梁王臺沼空中立，天河之水夜飛入。
>
> 臺前鬥玉作蛟龍，綠粉掃天愁露濕。
>
> 撞鐘飲酒行射天，金虎蹙裘噴血斑。
>
> 朝朝暮暮愁海翻，長繩繫日樂當年。
>
> 芙蓉凝紅得秋色，蘭臉別春啼脈脈。

蘆洲客雁報春來，寥落野湟秋漫白。⑮

全詩用了兩個「愁」字，已表達出秋日的愁思。結尾四句，描述現在的故墟中，只見秋天的芙蓉盛開，晚春的蘭花萎謝。花開花落，本來帶著一種豔麗，但在寂寞荒涼的水上泛著一片白色。一個「白」字，越發顯得蒼涼，在「豔」中帶著一種無名的冷豔之感。

由於李賀熔鑄冷豔詩風，以發其哀激之思，於是作詩以奇崛冷豔為趨尚；忌平淡，求離奇，必然走向神秘晦澀，常常給人有詞意晦澀之感，讀起來便不易理解了。他為了追求語言新奇，有時竟因過險而令人費解，成為缺點。如《河陽歌》的「花燒中潬城」⑯ 。唐代宗時的錢起，用過花「燒溪」的句子（「山花照塢復燒溪」《山花》），由於「照」與「燒」並用，意思明白。李賀過分追求語言新奇，單獨險用「燒」字，遂令語意晦澀。

如《唐兒歌》的末尾有「眼大心雄知所以，莫忘作歌人姓李」⑰ 之句，何以在這兒突兀地提出自己姓李，除了自誇與唐皇室同宗外，究竟還有甚麼寓意，那就令人費解

了。

又如《章和二年中》：「拜神得壽獻天子，七星貫斷
姮娥死。」⑱ 王琦注：「七星在天，屈曲相次，若有繩貫
之者，而終古不移動。七星之斷貫無理，姮娥之壽亦無死
期。以此爲祝，則其壽尙何終盡哉？」⑲ 章和乃東漢 明
帝之年號，明帝已駕崩數百年，猶說壽可活至北斗貫斷，
嫦娥老死，豈非諷刺之言？姚文燮注云：「其獻壽於天子
曰：『七星貫斷姮娥死』，謂天子與天同終極也。然則亦
何所據，而以爲詩之傷太子，言外之意是又在解人於言外
會之。詩猶云，大稔之歲，方願天子萬年。而預有太子之
變，是可怪也。」⑳ 據此，方扶南批注云：「乃言星月尙
不如天子之壽也。此解違背。」㉑ 始終未能明解。

李賀詩之所以晦澀難解的另一個原因是詩中愛用典
故。其詩之用典，幾乎佔其詩作的半數以上。有些詩甚至
幾乎句句用典。試以《感春》爲例：

> 日暖自蕭條，花悲北郭騷。
> 榆穿萊子眼，柳斷舞兒腰。

上幕迎神燕，飛絲送百勞。

胡琴今日恨，急語向檀槽。㉒

　　全詩八句，除首句外，差不多句句用典。第二句「花悲北郭騷」用《呂氏春秋》：「齊有北郭騷者，結罘網，捆蒲葦，織屨履，以養其母。」又庾信詩：「學異南宮敬，貧同北郭騷。」以齊國 北郭騷家貧喻己亦有老母而且家貧。第三句「榆穿萊子眼」，「萊子」即「來子」。引用南朝 宋廢帝時曾鑄過一種二銖錢，形式轉細，無輪郭不磨鑿者，品質低劣，名爲來子。以喻家貧沒有一文錢，只有形狀像來子錢一樣的穿眼榆莢。第四句「柳斷舞兒腰」引用杜甫詩：「隔戶楊柳弱裊裊，恰似十五女兒腰。」來比喻自己家中沒有舞妓相娛樂，只有比少女的腰更加柔軟的柳條。第五、六句「上幕迎神燕，飛絲送百勞」乃出自《禮記·月令》「仲春之月，玄鳥至，至之日，以太牢祀於高禖。」及曹植《惡鳥論》，以古人認爲燕子到來是祈求生子的時候，於是便祭神媒而求子；而俗惡伯勞之鳴，言所鳴之家必有凶。以喻自己要迎接吉祥而送走災禍。第七、八句「胡琴今日恨，急語向檀槽」引王建詩：「黃金捍撥紫檀槽。」即以紫檀木作琴槽，藉彈琴以排遣滿懷鬱

悶。㉓

　　這首詩用典甚多，還好的是已有前人援引事典為注，否則要理解這首詩，真是談何容易。明白了典故之用意，則可知這首詩是李賀在春暖花開美好之日，由於家貧親老，蕭條悲苦，除應時迎福卻災外，只有彈琴排愁遣悶而已。

　　大抵一首短詩，若一字費解，則有害全句；若一句費解，則有害全篇；若全篇費解，則將使讀者如墮五里霧中，雖歷千百年，還不能得其真解，這樣的詩便失去它的意義了。清 陳本禮《協律鉤元》闡明李賀詩歌主題思想和藝術特點，頗多獨到見解，可惜過於相信姚文燮的話，以致穿鑿附會的地方很多。比如《李憑箜篌引》一詩，陳氏以為是「通首皆憤恨諷刺之詞，乃一毫不露本意。」又謂《貴公子夜闌曲》一詩乃「詠遭安 史之亂之貴公子也。」「公子竄伏荊棘，身無完膚，無人能識。及觀其腰玉帶，始知其為貴公子也。曰冷者，見其號寒之狀可知。」顯然只是瞎猜一頓，這正好證明就是才高學茂者，亦免不了受李賀詩喻意晦澀的影響而產生謬誤，這是可以理解的。

諷喻隱晦，意脈不露，原是優點，如嚴羽《滄浪詩話》：「語忌直，意忌淺，脈忌露，味忌短，音韻忌散緩，亦忌迫促。」㉔ 但若隱晦到令人費解的程度，就會變成缺點了。

三、才華卓茂，而理不勝辭。

李賀詩的缺點，不在於怪與奇，而在怪得有些出格，奇得有些不合常理。胡仔《苕溪漁隱叢話》引《緗素雜記》考證二則，指出《金銅仙人辭漢歌序》中所言「魏明帝 青龍九年八月」，及《苦晝短》詩中「天東有若木，下置銜燭龍。」㉕ 皆有錯誤，據王琦於此詩引書注云：

　　《山海經》：「西北海外大荒之中，有洇野之山。上有赤樹，青葉赤華，名曰若木。」郭璞注：「生崑崙西附西極，其花光赤下照地。」《楚辭》：「日安不到，燭龍何照？」王逸注：「天之西北有幽冥無日之國，有龍銜燭而留照之。」㉖

是「若木」應在西北以外之地，而非詩中所云在天之東。王琦又在「誰是任公子，雲中騎白驢？」注云：

> 據文義，任公子是古仙人騎驢上升者，然其
> 事無考。㉗

由此可見李賀有理據不足這一類詩病。杜牧在《李長吉集敘》中云：「理雖不及，而辭過之。」宋 張戒《歲寒堂詩話》雖說杜牧的批評有點過分，但隨後又說：

> 賀詩乃李白樂府中出，瑰奇譎怪則有之，秀
> 逸天拔則不及也。賀有太白之語，而無太白之
> 韻。元、白、張籍以意爲主，而失於少文；賀以
> 詞爲主，而失於少理。㉘

由此可見李賀之詩理據不足，乃是眾所確認的事實。

第三節　李賀詩對後世的影響

一、晚唐宗尚「長吉體」。

　　李賀詩歌是韓門詩派的作風，但他力求創新，別開一代宗風，在中唐、晚唐產生了極大的影響。他在李賀生前已名滿海內，與他同時的劉言史、莊南傑、張碧，以及稍後的韋楚老，都刻意效法「長吉體」。㉙　到了晚唐，他的詩風更為流行，甚至有將之鑽入奇奇怪怪的地步。五代　王定保《唐摭言》云：

　　　　趙牧，不知何許人。大中、咸通中，效李長
　　吉為短歌，可謂蹙金結繡，而無痕跡。㉚

又云：

　　　　劉光遠，不知何許人。慕李長吉為長短歌，
　　尤能埋沒意緒，意不知其所終。㉛

晚唐人作詩，喜愛險怪生僻，追求詞意，以達到他們所歆羨的不尋常境界。趙牧、劉光遠等人心追力摹李賀詩風，就是這種時風的突出表現。他們只竭力摹仿李賀的怪詞險字、徒然是掇拾字面，敷衍成章，命意膚淺，就是練字練

句，亦相距甚遠，更遑論李詩哀感冷艷之特色。

至於李商隱，雖然主要成就在於七律，看來與李賀之偏好迴然不同，但細看他的古詩，數量不多，卻十之七八都是學「長吉體」的。其中以《效長吉》為例：

> 長長漢殿眉，窄窄楚宮衣。
> 鏡好鸞空舞，廉疏燕誤飛。
> 君王不可問，昨夜約黃婦。㉛

此詩短短六句，強調仿效李賀詩作，乍看起來並不像李賀詩，但細加體味，與李賀詩之峭艷宮體小詩卻極為相似，如《追賦畫江潭苑四首》、《馮小憐》等都是。李商隱還寫了不少風格上酷似李賀的詩，如《無愁果有愁曲北齊歌》、《燕臺詩》、《河陽詩》、《射魚曲》、《房中曲》、《燒香曲》、《景陽宮井雙桐》等，其中《海上謠》極言求仙之虛妄，在構思和手法上都是有意學李賀的。

又如《海上謠》：

桂水寒於江，玉兔秋冷咽。

海底見仙人，香桃如瘦骨。

紫鸞不肯舞，滿翅蓬山雪。

借得龍堂寬，曉出揲雲髮。

劉郎舊香炷，立見茂陵樹。

雲孫帖帖臥秋煙，上元細字如蠶眠。㉝

這首詩除了在浪漫手法上仿效李賀，詩中「劉郎舊香炷，立見茂陵樹」二句，顯然是從李賀詩的「茂陵 劉郎秋風客」（《金銅仙人辭漢歌》）中脫化而來；「臥秋煙」一句則是從「石馬臥新煙」（《追和何謝銅雀妓》）中蹈襲而來。此外，李商隱詩中或寫戀情，甚或艷情；或寫宮嬪不幸的生活遭遇；或諷時弊，或刺人君求仙虛妄。一般都寫得語言僻澀，意思隱晦，比較難以索解。敘次交錯跳躍，讀來若斷若續。設辭穠艷，意境奇幻，迷離恍悅，學長吉詩歌的僻艷峭澀，甚至過之。由此可見，李商隱乃移用李賀古詩中的象徵手法而作律詩，變奇詭為淒艷，為律詩開闢一新境界，樹立新風格。

溫庭筠的樂府歌行，在文學史上十分有影響力，這些

樂府詩大多爲七古，而且造語瑰麗，內容奇詭，應是追摹
「長吉體」而加以變化者。故明 胡應麟說：

　　長吉、庭筠，怪麗不典。㉞

　　李賀詩歌刻意學習齊 梁 宮體詩的藻飾、風調，溫庭筠
的古詩也是如此，詩歌如《遐水謠》、《春州曲》、《塞
寒行》等，設色穠麗，工於造語，都具有李賀詩歌精麗奇
峭的風格。

　　至於陳陶的歌行亦是繼承李白、李賀的詩風，若細閱
其作品，可知其與李賀更爲接近。首先，陳陶古詩喜愛運
用穠麗的詞藻，描繪淒清的景物，創造幽艷的境界。有
時，在穠麗的詞藻文飾下，詞意不甚明切，讀來使人覺得
比較艱深晦澀，意緒隱沒在一片斑斕的詞藻後面，這種表
現手法正與李賀相同。其次，陳陶還刻意追求奇幻詭譎、
怪麗不典的藝術風格。此外，陳陶詩在鑄詞造境上，大量
採用神話傳說，乃至自然中的「牛鬼蛇神」，也顯然是受
到李賀「《騷》之苗裔」詩歌特色的感染。

二、對宋代詩壇的影響。

　　宋初，西崑派楊億等人以學李商隱為宗，李賀的影響並不顯著，只有宋祁、錢易等譽之為「鬼才」㉟。直至仁宗以後，始見有名家仿效，蘇門四學士中，秦觀（公元1049-1100年）有《秋興九首（其四）擬李賀》：

　　　　魚鱗蜃空排亂碧，露桂梢寒挂團璧。
　　　　白蘋風起吹北窗，尺鯉沈波斷消息。
　　　　燕子將鶵欲歸去，沈郎病骨驚遲暮。
　　　　濃愁茫茫寄何處，萬里江南芳草路。㊱

　　詩中以「沈郎病骨驚遲暮。濃愁茫茫寄何處」最為肖似李賀的風格。張耒亦有《歲暮福昌懷古四首李賀宅》、《春游昌谷訪李長吉故居》等詩，既可見其仰慕李賀的心情，詩中亦有《春歸昌谷》、《昌谷詩》等摸寫物狀的田園的味兒。

　　到了南宋，在蒙古軍不斷南侵，國難當前的情況下，李賀詩的影響就大大顯著起來。陸游（公元1125-1210

年）曾高度評價他，認為：「魏 陳思王、唐 太白、長吉，則又以帝子及諸王孫，落筆妙古今，冠冕百世。」（《渭南文集》卷十四。）

　　南宋詩人中，學李賀者有劉克莊（公元1187-1269年）、謝翱（公元1249-1295年）等名家。劉克莊詩傷時念亂，風格豪邁。他曾說過：「古樂府惟李賀最工。」㊲南宋 魏慶之並舉出他的三篇樂府《齊人少翁招魂歌》、《趙昭儀春玉行》、《東阿王紀夢行》都是絕類長吉，其間精妙處，恐賀集亦不多見。㊳ 謝翱甚有氣節，他曾參加文天祥的抗元部隊，文天祥殉國後，他便隱居不仕，用詩歌來抒發他亡國的哀思。他既愛好《楚辭》，又善學李賀之奇奧，他的《瓊花引》、《聽雨》、《鴻門宴》等詩，不僅想像奇幻，風格峭麗，其深沈處，亦甚具李賀的風格。周密雖以詞名於世，也是一位具有愛國思想的詩人，其《讀李長吉集》詩中，有「隴西風月屬王孫，錦囊探取元無底」句，便是對李賀詩的推崇。他的《游蒼玉洞》，是少年時所作，其構思用詞，顯然是模擬李賀的《昌谷詩》而成，他還有《擬李長吉十二月樂辭》，無容置疑，李賀詩成為了他心儀的對象。

三、對宋詞的影響。

　　李賀詩對宋代詞人的影響就更為明顯了。其中以賀鑄（公元1052-1125年）、吳文英（公元1200-1260年）和史達祖（生卒年不詳）最為易見。張炎《詞源》：

　　　　賀方回、吳夢窗皆善於煉字面，多於溫庭筠、李長吉詩中來。㊴

賀鑄為人狂放不羈，不肯屈從權貴，因而沈淪下僚，常在詩歌裏抒發他那報國無門的感情。他又精於校讎，曾校訂過李賀詩集。他的詞作不少都是詞藻富贍，色彩穠麗，深得楚《騷》遺韻，這是眾所公認的一大特點，而與李賀的「奴僕命《騷》」有相同之處。他又喜歡融鑄成語典故，尤其是以前人的詩句入詞，如《小梅花（縛虎手）》中有「天若有情天亦老」句，便是直用了李賀的名句。（見李賀《金銅仙人辭漢歌》）

　　史達祖《梅溪詞》，也以思索安排，富艷精工為長，以煉意、煉句、煉字為工，姜夔也說其詞「奇秀清逸，有

李長吉之韻。蓋能融情景於一家，會句意於兩得。」⑩ 吳
文英《夢窗詞》善於煉字，千錘百鍊，含意深厚，雖有詆
之以爲「七寶樓臺，眩人眼目，碎拆下來，不成片段。」
⑪ ，但見其嘔心苦思，反復雕琢，改之又改，鍊之又鍊，
務使字字精當，其冷僻處，不期然使人感受到李賀那「嘔
心古錦囊」之作。而且他的詞多用麗字、代字，善於融化
李賀詩句入詞。

張炎亦極愛李賀詩，並取材於其詩，常從其詩中選取
奇字雋語，融入自己的詞作中去。如《疏影》：「石老雲
荒」，《祝英臺近》：「玉老田荒」，《壺中天》：「樹
老梅荒」，《甘州》：「霧老煙荒」等，顯然是從李賀
《致酒行》：「天老地荒無人識」句中變化而來。除此以
外，蘇軾、辛棄疾、劉克莊、劉辰翁、陸游，無一不受李
賀氣韻、用典的影響，尤以其詩之用語確實錘煉得好，博
得宋代詞人的普遍愛好。

四、對元、明、清文學的影響。

元末、明初學李賀詩者，不乏其人，胡應麟說：「元

末諸人，競師長吉。」⑫　又云：「勝國歌行，多學長吉、

溫庭筠者。」⑬　其中最負盛名的是楊維貞（公元1296-

1370年），他是一位極有才氣的詩人，風格穠麗，縱橫奇

詭，常能寫人之所不敢寫，言人之所不敢言，甚至用拗語

僻詞，陵紙怪發，顯然是受李賀的影響。例如他的《鴻門

會》便是仿自李賀的《秦王飲酒》、《公莫舞歌》一類詩

歌，馳騁異想，運用奇詞。題材上與《公莫舞歌》相同，

而風格則兼有《秦王飲酒》、《公無出門》的特色。明詩

人中仿李賀者以徐文長（公元1521-1593年）為最著。

　　有清一代，李賀詩更廣泛受到喜愛。洪昇《長生殿》

中曾引用過他的詩句。曹雪芹《紅樓夢》在《芙蓉女兒

誄》中亦提及「李長吉被詔而為記」（《紅樓夢》第七十

八回）的故事。他的好友敦誠曾一再以他同李賀相比：

「愛君詩筆有奇氣，直追昌谷破籬樊。」⑭　龔自珍之詩，

文辭瑰麗清奇，與李賀詩風格相近，並稱譽李賀為唐大

家，與李白、杜甫、韓愈、李商隱並駕齊驅。黃遵憲更經

常化用李賀之詩。其影響之大，可見一斑。

【註　釋】

① 據《李賀詩歌集注》，頁15，首卷錄《雲仙雜記》所載：「有人謁李賀，見其久而不言，吐地者三。俄而文成三篇，文筆嚏喉。」由這則故事，可見其文思敏捷。

② 王琦等《李賀詩歌集注》，上海　上海人民出版社，頁7。

③ 同註②，頁12。

④ 同註②，頁49。

⑤ 同註②，頁306。

⑥ 這種拆字法歷來詩人採用者不少，可參考陳香《詩中用字談趣》第十二章《談疊字句》，台北　國家出版社，頁232。

⑦ 同註②，頁12。

⑧ 見袁行霈編著《中國文學史綱要》冊二，北京　北京大學出版社，頁257。在劉大杰所著舊版《中國文學發達史》（台北　中華書局）有這樣的一段說話：「因為他（李賀）出身貴族，養尊處優，自然不會像杜甫、張籍、元稹、白居易那些自窮困中奮鬥出來的詩人那樣，能夠瞭解社會的實況和人生的艱苦。並且他二十七歲就

死了，對於世事人生的經驗與閱歷，是非常貧乏的。」

（頁482）李賀對社會的認識與體驗不及杜甫、白居易諸詩人，這限於他的壽命短暫，但他的詩並非都是憑空臆測，而是對現實生活有所體驗而寫的，有他的實在性。因此劉大杰在一九八二年修訂新一版《中國文學發展史》（上海古籍出版社）已大大刪改了，說他的詩「還有不少富於現實性而又富於浪漫主義精神的優秀作品」。（中冊，頁516）又在列舉《夢天》、《老夫探玉歌》、《金銅仙人辭漢歌》、《南園》等詩後說「這些詩篇，在不滿現實的基礎上，表露出懷才不遇的感情，關懷人民生活的疾苦，和理想與現實、人生與藝術的矛盾。」（中冊，頁516）

⑨　同註②，頁7，卷首引文。

⑩　同註②，頁7，卷首引文。

⑪　同註②，頁23。

⑫　見周閬鳳著《詩人李賀》，頁121。

⑬　同註②，頁56。

⑭　同註②，頁261。

⑮　同註②，頁278。

⑯　同註②，頁202。

⑰　同註②，頁57。

⑱　同註②，頁224。

⑲　同註②，頁225。

⑳　同註②，頁457。

㉑　同註②，頁536。

㉒　同註②，頁199。

㉓　註②，頁200，王琦注。

㉔　同註②，頁70。

㉕　同註②，頁221。

㉖　同註②，頁223。

㉗　同註②，頁223。

㉘　見張戒《歲寒堂詩話箋注》成都　四川大學出版社，頁94。所見文字與王琦《李賀詩歌集注》首卷前的引文有所出入，今依箋注本。

㉙　在中唐時，有張碧者，年紀在李賀之上，在李賀初露頭角時，即對他非常仰慕，並模仿他的風格寫了不少詩。

㉚　王定保《唐摭言》，上海　上海古籍出版社，頁109。

㉛　同註㉚，頁110。

㉜　劉學鍇、余恕誠著《李商隱詩歌集解》，北京　中華書局，一九八八年十二月，頁1840。

㉝ 同註㉜，頁651。

㉞ 胡應麟《詩藪》，上海 上海古籍出版社，一九七九年十一月，頁14。

㉟ 《永樂大典》卷八引《朝野遺事》宋祁語：「太白仙才，長吉鬼才。」又錢易《南部新書》卷丙：「李白為天才絕，白居易為人才絕，李賀為鬼才絕。」將李賀與李白並稱，雖寥寥數語，可謂推崇備至。

㊱ 徐培均箋注《淮海集箋注》，上海 上海古籍出版社，一九九四年十月，頁1456。

㊲ 《詩人玉屑》卷十九，台北 世界書局，頁432。

㊳ 同註㊲。

㊴ 夏承燾校注《詞源注》，北京 人民文學出版社，一九六三年九月版，頁15。

㊵ 姜夔《梅溪詞序》《梅溪詞》上海 上海古籍出版社，一九八八年四月，頁168。

㊶ 同註㊴，頁15。

㊷ 同註㊴ 內編，卷三，頁56。

㊸ 同上註。

㊹ 《寄懷曹雪芹霑》，見《四松堂集》卷上。

參考書目

（一）

① 李賀《四庫唐人文集叢刊‧昌谷集》，上海 上海古籍出版社，一九九三年六月。

② 王琦《李賀詩注》，台北 世界書局，一九八二年十二月。

③ 王琦《三家評注李長吉歌詩》，香港 中華書局，一九五九年一月。

④ 王琦等注《李賀詩歌集注》，上海 人民出版社，一九七七年十二月。

⑤ 陳本澧注《協律鉤元》，香港 中文大學。

⑥ 吳汝綸評注《李長吉詩集》，民國十一年刊於都門。

⑦ 黎簡（二樵）手批《李賀詩》，台灣 國立中央圖書館。

⑧ 陳弘治《李長吉歌詩校釋》，台灣 嘉新水泥公司文化基金會，一九六九年八月。

⑨ 葉蔥奇疏注《李賀詩集》，北京 人民文學出版社，一九五九年一月。

⑩ 傅經順主編《李賀詩歌賞析集》，四川 巴蜀書社，一
　九八八年八月。

⑪ 劉斯翰選注《李賀詩選》，香港 三聯書店，一九八零
　年七月。

⑫ 張師仁青《唐詩采珍》，高雄 前程出版社，一九九一
　年九月。

⑬ 張淑瓊主編《唐詩新賞‧杜牧》，台北 地球出版社，
　一九九二年一月。

⑭ 徐傳武《李賀詩集譯注》，山東 教育出版社，一九九
　二年八月。

⑮ 馮浩菲、徐傳武譯注《李賀詩選譯》，四川 巴蜀書
　社，一九九一年十月。

⑯ 蕭滌非、程千帆等撰寫《唐詩鑑賞辭典》，上海 辭書
　出版社。一九八三年十二月。

⑰ 上海師範大學中文系選注《李賀詩選》，北京 人民文
　學出版社，一九七八年四月。

⑱ 曾益注《李賀詩解》，台北 世界書局。

⑲ 吳小平選析《韓孟詩派作品賞析》，桂林 廣西敎育出版社，一九九零年二月。

⑳ 王軍選注《韓孟詩派選集》，北京 北京師範學院出版社；一九九三年四月。

㉑ 喬力編《唐詩精華分卷》，北京 朝華出版社，一九九一年十月。

（二）

㉒ 唐·李紳《李紳詩注》，上海 上海古籍出版社，一九八五年九月。

㉓ 宋·劉昫等《舊唐書》，北京 中華書局，一九七五年二月。

㉔ 宋·歐陽修、宋祁等《新唐書》，北京 中華書局，一九七五年五月。

㉕ 五代·王定保《唐摭言》，上海 上海古籍出版社，一九七八年五月。

㉖ 張炎著，夏承燾校注《詞源注》，北京 人民文學出版社，一九六三年九月版，頁15。

㉗ 宋‧朱熹《楚辭集注》，上海 上海古籍出版社，一九八一年五月。

㉘ 宋‧張戒著、陳應鸞箋注《歲寒堂詩話箋注》，四川 四川大學出版社，一九九零年二月。

㉙ 宋‧嚴羽《滄浪詩話》，上海 金楓出版社，一九八六年十二月。

㉚ 宋‧魏慶之《詩人玉屑》，台北 世界書局，一九七五年十一月。

㉛ 傅璇琮主編《唐才子傳校箋》（第二冊），北京 中華書局，一九八九年三月。

㉜ 明‧胡震亨《唐音癸籤》，上海 上海古籍出版社，一九八一年五月。

㉝ 清‧曹寅等編、王全點校《全唐詩》，北京 中華書局，一九六零年四月。

㉞ 清‧董誥等編《全唐文》，北京 中華書局，一九八二年。

㉟ 清‧敦誠《四松堂集》。上海 上海古籍出版社。

（三）

㊱ 方瑜《李賀詩析論》，台北 牧童出版社。

㊲ 王明居《唐詩風格美新探》，北京 中國文聯出版公司，一九八七年十月。

㊳ 中國文學史編寫組編《中國文學史》，北京 人民文學出版社，一九八四年四月。

㊴ 中國文學史研究委員會《新編中國文學史》第二冊，高雄 復文書店。

㊵ 朱自清《朱自清古典文學論文集‧李賀年譜》，上海 上海古籍出版社，一九八一年。

㊶ 艾治平《古典詩詞藝術探幽》，長沙 湖南人民出版社，一九八一年十二月。

㊷ 宋柏年主編《中國古典文學在國外》，北京 北京語言學院出版社，一九九四年十月。

㊸ 李嘉言《李嘉言古典文學論文集》，上海 上海古籍出版社，一九八七年三月。

㊹ 李慶、武蓉《中國詩史漫筆》，山西 中國文聯出版公司，一九八八年六月。

㊺ 李盾《詩壇鬼才李賀》，湖北 武漢大學出版社，一九九四年七月。

㊻ 李從軍《唐代文學演變史》，北京 人民文學出版社，一九九三年十月。

㊼ 金啓華《詩詞論叢》，湖北 湖北人民出版社，一九八四年五月。

㊽ 吳企明《李賀》，北京 國文天地關係企業，一九九二年九月。

㊾ 吳企明《唐音質疑錄》，上海 上海古籍出版社，一九八六年十二月。

㊿ 吳傳之《中國古代詩藝綜觀》，四川 巴蜀書社，一九九三年十一月。

(51) 周閬風《詩人李賀》，上海 商務印書館，一九三六年六月。

(52) 郭揚《唐詩學引論》，廣西 人民出版社，一九八九年七月。

(53) 孫望《蝸叟雜稿》，上海 上海古籍出版社，一九八二年一月。

(54) 陳貽焮《唐詩論叢》，湖南 湖南人民出版社，一九八零年九月。

(55) 陳伯海《唐詩學引論》，上海 知識出版社，一九八八年十月。

(56) 陳伯海、朱易安《唐詩書錄》，山東 齊魯書社，一九八八年十二月。

(57) 袁行霈編著《中國文學史綱要》第二冊，北京 北京大學出版社，一九八六年十一月。

(58) 袁行霈《中國詩歌藝術研究》，北京 北京大學出版社，一九八七年六月。

(59) 許總《唐詩史》下冊，南京 江蘇教育出版社，一九九四年六月。

(60) 張步雲《唐代詩歌》，合肥 安徽教育出版社，一九九零年八月。

(61) 游國恩等主編《中國文學史》，北京 人民文學出版社，一九六三年七月。

(62) 費海璣《文學研究續集》，台北 台灣商務印書館，一九七一年一月。

(63) 黃永武《詩心》，台北 三民書局，一九七一年七月。

(64) 黃永武《中國詩學．設計篇》，台北 巨流圖書公司，一九七六年六月。

(65) 黃永武《中國詩學．鑑賞篇》，台北 巨流圖書公司，一九七六年十月。

(66) 黃永武《中國詩學．考據篇》，台北 巨流圖書公司，一九七七年四月。

(67) 黃永武《中國詩學．思想篇》，台北 巨流圖書公司，一九七九年四月。

(68) 楊文雄《李賀詩研究》，台北 文史哲出版社，一九八三年六月再版。

(69) 楊文雄《李賀》，《中國文學講話（六）．隋唐文學》，台北 巨流出版社，一九八五年十一月。

(70) 葉慶炳《唐詩散論》，台北 洪範書店，一九七七年八月。

(71) 葛兆光《想象力的世界》，北京 現代出版社，一九九零年二月。

(72) 霍松林、林從龍主編《唐詩探勝》，鄭州 中州古籍出版社，一九八四年七月。

(73) 劉開揚《唐詩通論》，成都 四川人民出版社，一九八一年十一月。

(74) 劉開揚《唐詩論文集續集》，上海 上海古籍出版社，一九八七年五月。

(75) 劉中和《唐代文學全集》，台北 世界文物出版社，一九七九年二月。

(76) 劉瑞蓮《李賀》，北京 中華書局，一九八一年四月。

(77) 劉衍《唐詩論稿》，杭州 杭州大學出版社，一九九三年十一月。

(78) 錢仲聯《夢苕盦論集》，北京 中華書局，一九九三年十一月。

(79) 錢鍾書《談藝錄》，北京 中華書局，一九八四年九月。

(80) 劉大杰《中國文學發展史》，上海 上海古籍出版社，一九八二年五月新一版。

(81) 劉大杰《中國文學發達史》，台北 台灣中華書局，一九七零年二月五版。

(82) 蔡英俊《古錦囊與白玉樓》，台北 偉文書局。

(83) 羅宗強《隋唐五代文學思想史》，上海 上海古籍出版社，一九八六年八月。

(84) 羅宗強《唐詩小史》，西安 陝西人民出版社，一九八七年九月。

(85) 欒季明、田奕、陳抗、林滄編著《全唐詩索引·李賀》，北京 中華書局，一九九二年三月。

（四）

(86) 尹占華《李賀詩歌創作中的心態》，《唐代文學研究》（第四輯），廣西 廣西師範大學出版社，一九九三年十一月。

(87) 王東春《長吉心態新識》，《唐代文學研究年鑑》（一九九二年），廣西 廣西師範大學出版社，一九九三年十一月。

⑧⑧ 王禮錫《李長吉評傳》，《王禮錫詩文集》，上海 上海文藝出版社，一九八七年七月。

⑧⑨ 吳企明《長吉詩與詞曲》，《文學評論叢刊》第卅一輯，北京 中國社會科學出版社，一九八九年三月。

⑨⓪ 杜國清《李賀的鬼才》，《海外學者評中國古典文學》，山東 濟南出版社，一九九一年十二月。

⑨① 周觀武《李賀作品中的消極成份不可忽視》，《文學論叢》（總第六輯），河南 黃河文藝出版社，一九八七年十月。

⑨② 陳廷瓚《韓愈與李賀》，《文史集林》第二輯，陝西 三秦出版社。

⑨③ 陳書良《李賀詩歌的病態美》，《古典文學論文選》，長沙 湖南人民出版社，一九八四年五月。

⑨④ 馬群《略論李賀詩歌的藝術特色》，《文學評論叢刊》第三輯，北京 中國社會科學出版社，一九七九年七月。

⑨⑤ 張白山《從李賀詩歌談創作個性》，《文學評論叢刊》第三輯，北京 中國社會科學出版社，一九七九年七月。

96 <u>張式銘</u>《論李賀詩的藝術特色》，《古典文學論文選》，<u>長沙 湖南人民出版社</u>，一九八四年五月。

97 <u>愛德華德・H・沙佛爾</u>《李賀詩中的女神》，《海外學者評中國古典文學》，<u>山東 濟南出版社</u>，一九九一年十二月。

98 <u>劉衍</u>《李賀佚詩辨議》，《唐代文學研究》（第四輯），<u>廣西 廣西師範大學</u>出版社，一九九三年十一月。

99 <u>蔡英俊</u>《李賀詩的象徵結構試探》，《台灣中國古代文學研究文選》，<u>北京 人民文學</u>出版社，一九八八年一月。